I0754821

JOURNÉE DE CÉLÉBRATION
À L'OCCASION DU 150e ANNIVERSAIRE DE L'ÉTABLISSEMENT DES RELATIONS DIPLOMATIQUES ENTRE LE JAPON ET LA FRANCE

CÉLÉBRATION DU 150e ANNIVERSAIRE DE L'ÉTABLISSEMENT DES RELATIONS DIPLOMATIQUES ENTRE LE JAPON ET LA FRANCE

Journée réunie le 23 mai 2008
à l'Académie des Inscriptions et Belles-Lettres
(palais de l'Institut de France)

édité par

Jean-Noël ROBERT et Jean LECLANT

AIBL – Diffusion DE BOCCARD

Paris 2009

Illustration de couverture : Réception du consul G. Duchesne de Bellecourt par le Shogoun Tokugawa Iemochi à Edo, le 6 septembre 1860 (in *L'Illustration*, 29 décembre 1860, p. 425).

ISBN : 978-2-87754-226-5

AVANT-PROPOS

Si le Japon, pendant les deux siècles et demi que dura l'époque d'Edo, était loin d'être hermétiquement clos au monde extérieur, il n'en reste pas moins que les traités qu'il dut signer avec les Grandes Puissances occidentales en 1858 marquèrent le début d'une ère nouvelle, une ère d'enthousiasme et d'anxiété, d'ouverture exaltée au nouveau savoir, mais aussi d'émulation fiévreuse des États qui entendaient se partager la terre entière. La fascination qu'exerce de nos jours encore, ou exerçait il n'y a pas si longtemps, le processus de modernisation du Japon sur un grand nombre de politiciens et d'intellectuels de pays non-européens dit assez que cette transformation fut largement perçue comme un succès, devant à son tour être imité. Gardons-nous cependant d'oublier qu'une large partie de ce succès est due à la simple contemporanéité : le Japon a été capable de prendre en marche le train de la modernité très peu de temps après son départ. Un simple exemple peut suffire à illustrer cette évidence : Graham Bell dépose le brevet du téléphone en 1876 à New York et les premiers téléphones sont fabriqués au Japon en 1878 ; cette nouvelle technique se propage donc presque simultanément aux deux bouts du monde. Les États-Unis qui étaient venus ouvrir de force l'archipel au monde extérieur vivaient à la même époque dans une société par certains côtés encore archaïque : l'esclavage n'y fut aboli qu'en 1865, trois ans à peine avant la restauration impériale de Meiji, alors que la Russie avait supprimé le servage en 1861. Il convient de réfléchir à ces contrastes si l'on veut estimer plus justement la confrontation des deux civilisations.

Si exception japonaise il y eut, ce fut dans la facilité avec laquelle le pays accepta de reléguer au second plan ce que l'on aurait pu tenir pour des traits essentiels de sa culture. Ici encore, un seul exemple suffira : de l'Iran au Viêtnam, en passant par l'Inde et le Tibet, on sait combien les célébrations du Nouvel An traditionnel, dont la date ne coïncide pas avec le calendrier occidental et désormais mondial, sont l'occasion d'affirmer, ne serait-ce que pendant quelques très brèves journées, le sentiment de continuité, de persistance, voire de résistance, d'une communauté culturelle et nationale face à l'uniformisation moderne. Le Japon fut sans doute le premier pays non occidental à rejeter pour ainsi dire du jour au lendemain l'observance de ses antiques coutumes de l'An Neuf, marqué de tous les rites agraires et courtois qui s'y étaient agrégés au fil des siècles, pour adopter le calendrier grégorien qui déplaçait cette date si symbolique à l'entrée de l'hiver, alors qu'elle était depuis toujours associée au début du printemps. Cela se passait en 1872, presque un demi-siècle avant que la Russie soviétique ne renonce au calendrier julien.

Les textes recueillis ici reflètent tous, comme de juste, les aspects exaltants, mais aussi les perplexités qui naquirent avec cette époque. Rédigés par des spécialistes ou de sincères amoureux de la civilisation japonaise, ils évoquent tour à tour : les rencontres d'esprits à la recherche d'une humanité commune, comme a pu l'être Émile Guimet voyageant dans un pays en pleine crise intellectuelle ; les réponses à cette crise qui se sont cristallisées dans la fidélité à quelques hauts lieux symboliques dont la beauté impressionne plus que jamais le voyageur humaniste ; les interrogations répétées sur le sens à donner à la mythologie japonaise par des érudits désireux à la fois de l'intégrer dans un ensemble plus vaste et d'en marquer l'originalité ; les découvertes d'un ingénieur français qui s'aperçoit aussi que le Japon n'a plus rien à apprendre en matière de photographie ; la très longue aventure intellectuelle des études bouddhiques japonaises et européennes, qui se sont influencées en profondeur ; la réception parisienne de l'exotisme japonisant, avec ses fertiles préjugés et malentendus ; l'extraordinaire défi intellectuel que fut l'entreprise de transfert de la littérature française en langue japonaise et les réactions plus limitées mais remarquables de certains écrivains francophones à la découverte d'un nouveau territoire littéraire ; la description minutieuse du processus menant à la ratification du traité franco-japonaise, qui fera comprendre les incertitudes et le manque de clarté des intentions initiales de part et d'autre.

On peut dire sans forfanterie que les études japonaises menées en France sont parmi les plus actives en dehors du Japon ; les contraintes de temps d'une journée d'études ont forcément limité le nombre des intervenants. Ils auraient pu, ils auraient dû, être bien plus nombreux, mais nous espérons que, tel qu'il est, ce livre donnera déjà un panorama évocateur de l'une des plus intéressantes et profondes rencontres culturelles de ce siècle et demi.

Jean-Noël ROBERT et Jean LECLANT

ALLOCUTION D'ACCUEIL

Monsieur l'Ambassadeur,
Monsieur le Secrétaire perpétuel,
Monsieur le Président,
Mes chers confrères,
Mesdames, Messieurs,

Il me revient le grand honneur d'introduire cette journée commémorative qui célèbre ce que je serais tenté d'appeler une des riches heures de l'humanité : l'entrée en contact de deux grandes civilisations avec pour heureuse conséquence non seulement un enrichissement mutuel mais aussi tout simplement un enrichissement pour toute l'humanité !

Il y a donc cent-cinquante ans que le Japon, tournant le dos à des siècles d'isolement, a accepté d'établir des relations diplomatiques avec un pays lointain et une civilisation étrangère, la nôtre. Nous célébrons cent-cinquante ans de mutuelle fascination, cent-cinquante ans de découverte de l'autre, cent-cinquante ans de rapprochement. Mais disons le tout de suite : pendant cette courte période, les Japonais nous ont montré qu'ils appréciaient plus vite que nous et aujourd'hui nous devons reconnaître, avec une pointe de défi mais beaucoup d'admiration, que nos amis japonais nous connaissent mieux que nous ne les connaissons. Pour nous autres Français, le Japon reste encore un grand et beau mystère, un merveilleux livre d'images qui stimule l'imagination mais qui défie l'entendement cartésien auquel nous prétendons. Pourtant vous ne nous cachez rien : comme Claudel l'avait dit avant moi, on lit le Japon à livre ouvert. Cependant, sur ces images, nous portons un regard qui nous égare parce qu'il est le nôtre et qu'il n'a pas été formé à la contemplation, comme le regard japonais. Les images sont là, mais nous n'avons pas l'œil pour les lire comme il le faudrait. Pourtant ce que déjà nous parvenons à saisir est un enchantement.

Si je consulte mes souvenirs d'Européen en pensant au Japon, déjà si présent bien avant 1858, les épisodes avant-coureurs de l'ouverture du Japon au monde extérieur sont divers. Je veux parler de Marco Polo, dès le XIIIe siècle, de Mendez Pinto en 1542, de saint François-Xavier en 1549 et des infatigables marins hollandais à partir de 1609. Ce sont là de célèbres précurseurs qui ont le mérite d'avoir, par leurs récits, semé les germes nécessaires à faire naître un mythe amoureux ou du moins d'avoir aiguisé la curiosité du monde occidental.

Depuis cent-cinquante ans, chaque Français feuillette à sa guise un livre d'images du Japon qui, s'il n'est guère plus précis qu'au début, s'est pourtant formidablement enrichi. Parmi les premières images qui peuplent l'imagination française se trouve celle d'une nature parfaitement ordonnée et maîtrisée tel un temple déjà prêt et disposé pour le culte, qu'il s'agisse de la perfection géométrique du mont Fuji ou de la perfection chromatique des cerisiers en fleurs. Les héritiers de Le Nôtre sont en outre les grands admirateurs du jardin japonais.

Les images qui viennent ensuite s'ordonnent autour de l'importance de la cérémonie et de la nécessaire révérence dont il faut entourer beaucoup de gestes et de petits évènements que nous jugeons, nous autres Occidentaux, sans importance, comme la durée des salutations et le rite du thé, mais aussi l'attention aux paysages. Puis viennent toutes les images qui traduisent chez les Japonais le respect du temps accumulé, du temps qui se répète, du temps suspendu.

C'est ainsi que vous avez la dynastie régnante la plus ancienne sur terre, que le culte des ancêtres vous est un devoir sacré, que vous soignez les vieux arbres comme des œuvres d'art mais que vos activités continuent à joindre le jeu de l'ombre et de la lumière dans les bambous agités par le vent, avec le même émerveillement qu'au premier jour de la création et, avec le même délice, la goutte d'eau qui se détache d'une feuille après la pluie. C'est peu dire que vous avez le respect de la tradition ou que, chez vous, la tradition est vivante. Il faut, pour être juste, dire plutôt que la tradition vivifie et transcende chaque geste, car le Japon des siècles antérieurs est toujours présent dans le Japon d'aujourd'hui.

Enfin, un dernier lot d'images m'assaille quand je songe au Japon, où j'aperçois pêle-mêle les jeunes pianistes prodiges remportant tous les prix, les intrépides touristes japonais persuadés que le monde est fait pour devenir un album de photographies et, au milieu de ce kaléidoscope humain, l'histoire de cet érudit japonais francophile et francophone demandant à un maire alsacien de lui montrer la salle de classe où s'était déroulée l'émouvante « Dernière classe » d'Alphonse Daudet. C'est cet esprit d'observation, de finesse, de précision, de respect profond pour ce qui lui est parfois le plus étranger qui me semble le trait le plus admirable de l'âme japonaise.

Si maintenant j'essaie d'échapper à ces images que certains qualifieront de superficielles, je dois me tourner vers des témoignages plus savants à propos des impressions que le Japon a exercées sur des esprits éclairés et réceptifs : Claude Monet, Claude Carrère, Pierre Loti, Paul Claudel, Michel Droit, Bernard Frank. Tous ces grands esprits ont rendu hommage au Japon et nous l'ont fait aimer.

L'on sait, à propos d'images, que ce sont les gravures japonaises découvertes par le public cultivé, il y a un peu moins de cent-cinquante ans, qui ont ouvert la voie à un renouveau de l'art français et européen. Claude Monet, qui en a laissé une collection à l'Institut, poussait la vanité à prétendre qu'il avait été parmi les premiers collectionneurs puisqu'il avait acheté sa première estampe japonaise à l'âge de seize ans, en 1856. Nous savons bien que c'est là pure vantardise de la part du maître étant donné que le premier traité commercial entre la France et le Japon date du 9 octobre 1858 ! Avant cette date, il aurait été très difficile d'en trouver même au Havre. Quant à la grande vague « japonisante », elle commence vraiment après l'exposition universelle de 1878. Quoiqu'il en soit, l'anecdote a le mérite de fixer dans nos mémoires la date de 1858 fêtée à l'Académie des Inscriptions et Belles-Lettres, le 23 mai 2008.

Mais revenons aux images. Les relations entre la France et le Japon à partir de 1858 sont bien une histoire d'images, sinon d'estampes, et celui qui en a le mieux parlé n'est autre que Paul Claudel que je citais tout à l'heure.

Dans un article de la *NRF* de 1923, Paul Claudel livre quelques impressions sur l'âme japonaise qui me semblent d'une saisissante lucidité. Claudel décrit le Japon comme « un domaine héréditaire dont le sens est moins la commodité pratique de ses détenteurs actuels que la composition autour d'eux d'un spectacle solennel et instructif ». La tradition japonaise est selon lui partout sous nos yeux ; il suffit de l'observer, mais encore faut-il pour cela se doter de « l'attitude spécialement japonaise devant la vie ». Quelle est cette attitude ? Claudel répond : « la révérence, le respect, l'acceptation spontanée d'une supériorité inaccessible à l'intelligence, la compression de notre existence personnelle en présence d'un mystère qui nous entoure, la sensation d'une présence autour de nous qui exige la cérémonie et la précaution. » Le Japon a le sens du mystère : Michel Droit ne dira pas autre chose dans son livre « J'ai vu vivre le Japon » et plus récemment Amélie Nothomb, mais là où Paul Claudel construit d'étroites mais solides passerelles entre le Japon et l'Occident, Michel Droit et Amélie Nothomb rompent des ponts qu'ils n'ont jamais construits et concluent hâtivement comme Kipling qu'entre l'Est et l'Ouest, l'on ne se rencontre jamais…

Restons modestes certes, mais il nous appartient quand même de nous imprégner des images du grand livre japonais tout en nous souvenant que le Japon est naturellement un ensemble séparé qui a montré qu'il pouvait se passer de tout contact avec le reste de l'univers pendant des siècles. Sans doute le Japonais conçoit-il son pays comme un sanctuaire édifié pour célébrer les mystères de la vie et de la connaissance. C'est pourquoi le profane ne peut s'en approcher qu'avec humilité et prudence. En cela, Claudel avait pris le bon parti.

Voilà en tout cas cent-cinquante ans que nous nous en approchons. Certains disent que le mystère reste pour nous entier, d'autres ont appris à regarder et donc à comprendre. Cent-cinquante ans de durée dans l'histoire du Japon, c'est très peu ; aussi convient-il de persévérer et un jour sur ce beau livre d'images, nous écrirons nous aussi des légendes comme Paul Claudel sur les éventails japonais. Je terminerai avec l'une de ces phrases pour éventail et la dédie au Japon avec respect et admiration.

Attention, c'est le Japon qui parle et qui dit, comme la rose : « ce ne sont pas mes épines qui me défendent, c'est mon parfum. »

Gabriel de Broglie

ALLOCUTION

Monsieur le Chancelier,
Monsieur le Secrétaire perpétuel,
Monsieur le Président,
Mesdames et Messieurs les académiciens,
Mesdames, Messieurs,

C'est un grand honneur pour moi de me trouver aujourd'hui parmi vous au cœur-même de votre illustre Institut de France et je vous suis particulièrement reconnaissant d'avoir bien voulu m'inviter à participer à cette journée de célébration organisée à l'occasion du 150e anniversaire de l'établissement des relations diplomatiques entre le Japon et la France. J'aimerais remercier très sincèrement M. Gabriel de Broglie, chancelier de l'Institut de France, ainsi que M. Jean Leclant, Secrétaire perpétuel de l'Académie des Inscriptions et Belles-Lettres ; je voudrais également rendre hommage au professeur Jean-Noël Robert pour la préparation de cette réunion – qui, je me plais à le rappeler, a été élu naguère membre de l'Académie des Inscriptions et Belles-Lettres au fauteuil du regretté Bernard Frank, dont je tiens à saluer la mémoire en cette circonstance.

La conception d'un symposium consacré au Japon dans cette enceinte si prestigieuse, riche d'une histoire et de traditions multiséculaires, haut-lieu du monde savant où, selon les termes d'Ernest Renan, « tous les efforts de l'esprit humain sont comme liés en un faisceau », me procure une immense satisfaction ; aussi suis-je particulièrement honoré de prendre la parole ici même en ma qualité de représentant du Japon en France.

Il est bien connu qu'à partir du milieu du XIXe siècle, la France et le Japon ont commencé à nouer des liens étroits. Sous la pression des puissances occidentales, alors en pleine expansion, le Japon dut abandonner la politique de fermeture aux étrangers en vigueur pendant deux cent vingt ans et ouvrir ses ports au commerce international. En 1858, le shôgunat conclut des traités d'amitié et de commerce avec quatre grandes nations européennes – parmi lesquelles comptaient la France – et les États-Unis. Il s'agissait d'accords comportant des clauses inégales, typiques en ces temps de colonialisme. Ainsi, alors que les Français jouissaient de l'exterritorialité sur le sol nippon, le Japon, pour sa part, fut contraint de renoncer à fixer librement ses taxes douanières. Il fallut d'ailleurs cinquante ans de longues et difficiles négociations pour que ces points soient révisés et les clauses inégalitaires amendées. Toutefois, en signant ce traité, le Japon profita de cette ouverture pour entamer sa propre modernisation et parvint ainsi à préserver sa propre indépendance.

On le sait, le Japon s'est fortement inspiré de la France dans de nombreux domaines, dont ceux de la pensée politique, du code civil, du système militaire et de l'industrie. À cet égard, trois Français sont particulièrement connus pour leur apport considérable au projet de modernisation du Japon. Il s'agit de l'ingénieur François Léonce Verny, polytechnicien, qui collabora à la construction et à la gestion du chantier naval de Yokosuka, de Paul Brunat, qui conseilla et dirigea la construction et les débuts de l'activité de la filature de Tomioka, la première du Japon à être équipée de métiers mécaniques, enfin de Gustave-Émile Boissonade de Fontarabie, juriste éminent, qui participa à l'élaboration des nouveaux codes du Japon, et notamment du code civil. L'on pourrait également citer le ministre Roches, qui aida à la formation des trois corps de l'armée de terre japonaise (l'infanterie, la cavalerie et l'artillerie) ainsi que les frères Florent, ingénieurs des Ponts-et-Chaussées et originaires de Quimper, qui se rendirent au Japon pour construire plusieurs phares dans la baie de Tokyo. Sans le concours de la France, la modernisation du Japon n'aurait sans doute pas présenté le même visage.

La France a eu sur le Japon, je viens de l'évoquer, un ascendant déterminant. *A contrario*, le Japon a exercé certaines influences sur la France. Ainsi, durant la seconde moitié du XIXe siècle, le japonisme a gagné les milieux artistiques français et contribué au développement de l'impressionnisme. A l'évidence, la collection des estampes japonaises ou les ponts japonais de Giverny révèlent l'admiration de Monet pour le Japon ; de même chez Van Gogh, dont la célèbre toile « Le père Tanguy » laisse apparaître une série d'estampes japonaises en arrière plan. On sait que pour certains de leurs tableaux, les peintres Degas et Gauguin ont adopté les postures de personnages figurant dans le recueil de dessins « La Manga » de Hokusai. Le japonisme a touché aussi les arts décoratifs et notamment le mouvement « Art nouveau ». Plus récemment, dans un tout autre domaine, celui des arts martiaux, la France, avec environ 600 000 licenciés de judo, se place au premier rang mondial de cette discipline s'agissant du nombre de pratiquants, dépassant largement le Japon. Évoquons aussi la nouvelle cuisine qui a été influencée par la cuisine japonaise dès les années 70, si bien qu'aujourd'hui la cuisine japonaise semble faire partie des habitudes alimentaires de bon nombre de Français. Par ailleurs, ces dernières années, l'on peut constater un intérêt croissant des jeunes Français pour la culture « pop » japonaise et un véritable engouement pour le cinéma d'animation, ou les mangas notamment. Il me semble que tous ces phénomènes démontrent la capacité exceptionnelle de la France et des Français à intégrer d'autres cultures dans la leur.

Ainsi, le Japon a beaucoup reçu de la France, et la France a beaucoup reçu du Japon. Je pense que l'un et l'autre pays peuvent se prévaloir d'être des modèles dans la compréhension d'autres cultures ressortissant à d'autres civilisations. Je crois que cette capacité de compréhension est essentielle dans la mondialisation aujourd'hui.

En évoquant la mondialisation, me revient en mémoire le discours prononcé par le président Jacques Chirac, lors de sa visite en Argentine en 1997. A ce sujet, il disait, je le cite : « La mondialisation est à la fois une chance et un risque », tout en ajoutant qu'elle risquait de privilégier un monde uniculturel, unilingue et que cela pouvait conduire à une dramatique décadence culturelle de l'humanité. Personnellement, je partage entièrement cet avis. Dix ans nous séparent de ce discours et je ne peux m'empêcher de penser que le risque que nous courons de perdre notre identité culturelle dans la mondialisation est de plus en plus grand. On observe en effet une tendance très forte à l'uniformisation de la culture et je crois que ceux qui n'acceptent pas cette uniformisation sont touchés par un sentiment de fragilité. Nous, Japonais, nous éprouvons ce sentiment. Peut-être que vous, Français, vous l'éprouvez également.

Qu'est-il nécessaire de faire aujourd'hui en vue de préserver la diversité culturelle, tout en évitant le retour menaçant du spectre du nationalisme en réaction à ce sentiment de fragilité ? Il me semble qu'il faut tout d'abord rester attaché à sa propre culture, qui est la base de l'identité de chacun. En même temps, il faut s'ouvrir et aller vers les autres, c'est-à-dire s'efforcer de faire comprendre sa propre culture et développer une capacité à comprendre celle des autres.

Comme vous le savez, l'année 2008 marque le 150e anniversaire des relations diplomatiques entre le Japon et la France. Plus de 500 manifestations présentant la culture japonaise sont organisées en France. De nombreux événements culturels français sont également prévus au Japon. A mon sens, chacun de ces événements est un acte d'ouverture aux autres et la marque des efforts accomplis en vue d'obtenir en retour leur compréhension. Beaucoup de Français et de Japonais ont déjà participé à ces événements. Cela prouve que nos deux peuples ont gardé un esprit d'ouverture et une capacité de compréhension à l'égard d'autres cultures. Je suis convaincu qu'il faut poursuivre cet effort afin de contribuer au maintien de la diversité culturelle au sein du « village planétaire ». Je reste persuadé que, pour relever ce défi qui concerne l'humanité tout entière au cours du XXIe siècle, la France et le Japon constituent deux nations-clé, dont les peuples sauront participer à cette diversité tout en assurant un dialogue entre les diverses cultures et les différentes civilisations.

Paul Valéry confessait : « Nous entrons dans l'avenir à reculons. » Je souhaite que cette journée de célébration contribue à forger un futur meilleur pour les prochaines années, en ayant à l'esprit ces cent cinquante années passées, à la fois riches d'échanges et d'amitiés entrenoués.

Yutaka Iimura

ALLOCUTION D'OUVERTURE

Monsieur l'Ambassadeur,
Monsieur le Chancelier,
Monsieur le Président,
Mes chers confrères,
Mesdames, Messieurs,

Assurément, il convenait que notre Académie consacrât toute une journée à la célébration de ce cent-cinquantième anniversaire de l'établissement de relations officielles entre le Japon et la France, et ce pour des raisons qui relèvent de la conception la plus profonde et la plus large de son existence et de son rôle. N'ayant d'autre but que l'observation attentive de l'évolution des études et de la recherche portant sur les disciplines les plus variées, mais délimitées – si l'on peut appeler limite le cadre immense dans lequel se déploient ses activités – par une certaine chronologie et une vision que l'on pourrait qualifier sans trop d'erreur de classique et humaniste, notre Compagnie ne pouvait ignorer le singulier aiguillon que fut pour ses domaines d'intérêt, au long d'un siècle et demi, la constitution de liens culturels et scientifiques, désirés de part et d'autre et continués malgré l'adversité, entre les deux extrémités du monde eurasiatique.

Certes, le nom du Japon était connu de longue date en Europe, Marco Polo nous en avait déjà transmis, au XIIIe siècle, ce qu'il avait pu reproduire de la prononciation chinoise de son époque : *Cipangu*, ou *Zipango*, le « pays de l'origine du soleil », où l'on retrouve dans les deux premières syllabes l'appellation actuelle. Mais en dehors de ce nom, il ne nous apprenait rien de sûr. Certes, un auteur persan du IXe siècle avait transmis au monde musulman le nom étrange de *Wakwak*, où l'on retrouve sans peine un autre nom courant du royaume – *Wakwok*^{u}, ou « Pays des Wa », mais ce terme sonore resta nimbé de mystère. Il fallut attendre le milieu du XVIe siècle, avec l'arrivée de saint François-Xavier dans l'île de Kyûshû en 1549, pour que parviennent enfin aux instances religieuses et savantes de l'Europe les premières informations dignes de foi sur le Japon, dont le nom même, fort étrangement, se fixa sous une forme approximativement chinoise, tandis que la transcription plus exacte de *nippon* (ou *nihon*) resta cantonnée au plus modeste rôle d'adjectif. Ces choses arrivent ; n'avons-nous pas fait bien pire en désignant depuis des millénaires du nom de « Grèce » un pays qui n'a jamais été connu de ses habitants que sous le nom d'*Hellas* ?

En sens inverse, l'Europe se dérobait bien davantage à la vision du monde des Japonais, dont l'horizon concret était la Chine, mère des armes, des lettres et des lois, et l'horizon spirituel l'Inde, d'où était venu le bouddhisme. Il serait bien sûr tentant d'accepter l'hypothèse hardie d'un linguiste américain qui voulait voir dans une titulature royale coréenne conservée dans les annales japonaises du VIIIe siècle un fragment méconnaissable des mots latins *caesar* et *augustus*, qui auraient traversé toute l'Asie Mineure et l'Asie centrale et ainsi infirmé le propos de Sénèque remarquant que le renom de Rome n'allait pas au-delà du Caucase ; mais même si nous cédions à cette suggestion aussi séduisante que fragile, nous aurions bien peu de chose pour attester la venue de concepts de l'Occident le plus lointain en cet archipel que les Japonais comparaient parfois à « des grains de millet dispersés au bord du monde ».

C'est donc tout naturellement la venue des missionnaires européens qui donna aux Japonais les premiers aperçus de cette culture qu'ils ne devaient véritablement confronter que bien plus tard. Si, durant la seconde moitié du XVIe siècle et le début du XVIIe, plusieurs dizaines de jésuites et quelques franciscains accomplirent l'immense et périlleux voyage des rives du Portugal à l'Inde, puis au Japon par-delà le cap de Bonne-Espérance, des Japonais firent aussi le chemin inverse : en février 1582, sous la conduite d'Alessandro Valignano, visiteur de la Compagnie de Jésus, quatre tout jeunes nobles japonais âgés de douze à quatorze ans, accompagnés de deux de leurs serviteurs, s'embarquèrent pour une odyssée dont la hardiesse nous étonne encore : ils parvinrent à Lisbonne en août 1584 et furent reçus à Rome en mars 1585 par Grégoire XIII. Ce n'est qu'en juillet 1589, après bien des péripéties, qu'ils purent retrouver le Japon, où ils furent très bien accueillis, malgré le vent anti-chrétien qui commençait à souffler.

Quelques années plus tard, un nouveau voyage eut lieu, à l'initiative des Japonais cette fois : Hasekura (Tsunenaga), mandaté par son seigneur, le célèbre Date Masamune, se rendit du Japon jusqu'à Rome en passant par le Mexique en 1613. Il traversa le Pacifique à bord d'un navire construit au Japon sous la direction d'un Espagnol qu'avait formé le célèbre marin anglais William Adams. Il rentra en 1620, ayant échoué dans son projet de conclure un traité commercial avec le Pape, mais son portrait orne encore la Villa Borghese.

Déjà les idées et les notions scientifiques commençaient à circuler et à s'échanger ; les séminaires jésuites dispensaient des notions de philosophie aristotélicienne, on faisait des dictionnaires latin-japonais pour les convertis japonais, mais, en sens inverse, le célèbre João Rodrigues, grâce aux deux éditions de son *Art de la langue japonaise*, donnait de la langue et de la culture du Japon une description magistrale dont on regrettera toujours qu'elle n'eût pas été davantage diffusée en Europe.

Lorsque la concurrence effrénée entre les États catholiques et protestants donna l'avantage aux commerçants hollandais, qui s'assurèrent bientôt le monopole des échanges avec le Japon dans le réduit qui leur avait été concédé à Nagasaki, ce fut au tour des Japonais de former des interprètes et des traducteurs qui étudièrent avec ferveur le néerlandais et traduisirent les œuvres médicales et scientifiques que les autorités shôgunales, échaudées par l'expérience de ce que l'on appela « le siècle chrétien », ne laissaient pénétrer qu'avec la plus extrême parcimonie.

L'on peut donc affirmer que les relations intellectuelles entre le Japon et l'Europe remontent à bien plus de cent-cinquante ans. Ainsi que le rappelait notre regretté confrère Bernard Frank dans sa Leçon inaugurale de la chaire de civilisation japonaise du Collège de France, la première description en français de ce lointain pays nous fut donnée par « le docte et fol » Guillaume Postel qui, se fondant sur les premières lettres des jésuites, dépeint dès 1553 dans son livre *Des merveilles du monde,* les *Giapangiens,* qui eussent été « les plus parfaictz hommes du monde » s'ils avaient seulement connu le christianisme. On trouve chez lui la mention du bouddha suprême, en prononciation japonaise « Deniche » (*Dainichi*), dont les trois têtes sur un seul corps sont assurément l'image de la Trinité. Bien que l'on ne sache d'où proviennent au juste les trois têtes évoquées par Postel, il n'en demeure pas moins que le nom japonais de celui que les Indiens appelaient Mahāvairocana est ainsi transmis correctement chez nous pour la première fois, de même que celui de « Schiaca » (le bouddha historique Śākyamuni), dont la vie telle qu'elle est relatée par les écritures bouddhiques « n'est aultre qu'une nuée obscure, extraite de l'histoire Evangelike ». Il serait trop facile de lire dans ces pages, dont il faudrait plutôt voir dans le naïf christianocentrisme un désir réel de retrouver le semblable – voire l'universel – dans la plus complète altérité qui se pût concevoir à l'époque, les premiers pas d'un orientalisme agressif que l'on essaye encore de présenter comme le mode privilégié qu'ont eu les Européens d'aborder les autres civilisations. Nous soulignerons ici, comme le faisait Bernard Frank, combien il est au contraire remarquable que cette première relation du Japon en français depuis Marco Polo laisse entièrement de côté toute allusion à l'or du *Cipangu* qui avait suscité tant de convoitise et sans doute lancé la quête de la route des Indes, pour se situer d'emblée au niveau intellectuel et spirituel. Nous voudrions voir dans cette attitude l'une des caractéristiques de la rencontre du Japon et de la France.

Naguère encore, la France était surnommée au Japon le « pays de la culture » ; nous ne savons si notre pays mérite encore cette appellation si élogieuse, mais il se pourrait bien qu'elle ait été justifiée à une certaine époque aux yeux des Japonais par la nature même de l'intérêt qu'une part considérable du monde intellectuel et artistique français entretenait à l'égard du Japon. Si nous célébrons aujourd'hui la signature d'un traité de commerce et d'amitié, il est indéniable que, jusqu'à une date récente, cette amitié eut l'aspect d'une véritable conversation intellectuelle dont on trouvera difficilement l'équivalent dans le dialogue avec d'autres civilisations. Les différentes communications que nous entendrons aujourd'hui illustreront sans doute le caractère singulier et précieux de cette rencontre. Qui ne connaît, parmi les amateurs d'art asiatique, l'extraordinaire somme en deux volumes compilée par V. F. Weber et publiée à Paris en 1923 : *Ko-ji Hô-ten – Dictionnaire à l'usage des amateurs et collectionneurs d'art japonais et chinois* ? Cette bible des collectionneurs rédigée en français fut réimprimée en notre langue à New York en 1975 et demeure l'œuvre de référence pour tous ceux qui étudient l'histoire de l'art extrême-oriental en Occident. Le merveilleux *Dictionnaire franco-japonais des noms principaux de l'histoire et de la géographie du Japon* d'E. Papinot, jésuite français, fut publié à la fin du XIXe siècle à Paris ; traduit en langue anglaise en 1910 sous le titre *Historical and Geographical Dictionary of Japan*, il est encore à présent disponible en édition de poche alors qu'il est depuis longtemps introuvable en français, si bien que les japonisants français n'ont que la traduction anglaise sur leur table de travail. C'est en 1910 encore que paraît à Paris la célèbre *Anthologie de la littérature japonaise* de Michel Revon, dont la vogue fut européenne ; l'écrivain portugais Venceslao Moraes, émule de Lafcadio Hearn qui, comme ce dernier, passa la dernière partie de sa vie au Japon pour y mourir en 1929, tenait de la lecture de Revon l'essentiel de sa connaissance de la littérature japonaise. Mentionnons enfin l'irremplaçable *Dictionnaire japonais-français* d'un autre religieux français, le père G. Cesselin, paru en 1939, qui, bien plus qu'un dictionnaire de langue, est un véritable panorama de la culture japonaise des époques de Meiji, Taishô et Shôwa, aussi utile pour qui travaille sur les écrivains de cette période que le dictionnaire japonais-portugais évoqué plus haut pour la langue des XVIe et XVIIe siècles. Il est révélateur que ce monument vienne d'être tout récemment réimprimé au Japon.

La rencontre intellectuelle entre nos deux pays a parfois porté des fruits encore insoupçonnés il y a peu, mais dont la portée n'échappe à personne : qui savait, avant la très récente publication en français de l'article d'un érudit japonais, que le corps d'imprimerie le plus répandu au Japon depuis l'ère Meiji et qui a trouvé une nouvelle dimension de diffusion grâce à l'informatique, le corps dit « de la dynastie Ming » (*minchô-tai*), a d'abord été élaboré par les imprimeurs français au XVIIIe siècle, défini par l'Imprimerie nationale sous Napoléon, avant d'être repris par les missionnaires anglo-saxons pour s'implanter définitivement au Japon dans le dernier tiers du XIXe siècle ? L'imprimerie, née en Extrême-Orient, revenait sur ses terres d'origine redéfinie par la modernité, une modernité que beaucoup vont désormais chercher au Japon : que ce bel exemple d'échange culturel nous soit un symbole pour cette journée de célébration.

Jean LECLANT

DU MUSÉE GUIMET AU MUSÉE DES ARTS ASIATIQUES

Cette communication est l'occasion pour nous de rappeler combien l'histoire du musée Guimet s'inscrit dans un fructueux courant de relations culturelles entre le Japon et la France au cours des années qui ont suivi l'établissement des relations diplomatiques entre ces deux pays, il y a cent-cinquante ans. La conception du musée Guimet, fondé d'abord à Lyon en 1879 puis transféré à Paris en 1889, trouve une partie de son origine dans le voyage effectué par Émile Guimet en 1876 au Japon (fig. 1), puis en Chine – avec une brève escale à Ceylan et en Inde. Nous avons eu l'occasion, lors de la rentrée solennelle de l'Académie des Inscriptions et Belles-Lettres du 24 novembre 2000, de rendre hommage à l'œuvre d'Émile Guimet[1]. Industriel et philanthrope, Émile Guimet (1836-1918) s'est très tôt intéressé à l'histoire des religions, tout d'abord à celle de l'Égypte ancienne avant d'avoir le désir d'élargir ses connaissances en se tournant vers les religions et les philosophies asiatiques. Il décide donc d'entreprendre un grand voyage pour mener lui-même une véritable enquête sur le bouddhisme ou sur des doctrines comme celle de Confucius.

Après avoir visité l'exposition universelle de 1876 à Philadelphie où l'a rejoint son compagnon de voyage, le peintre Félix Régamey (fig. 2), Émile Guimet s'embarque à San Francisco pour Yokohama. Il emporte avec lui le texte d'un arrêté daté du 10 avril 1876 par lequel le ministre de l'Instruction publique le charge d'une mission au Japon, en Chine et aux Indes pour y étudier les religions de l'Extrême-Orient. Ce document donne à son voyage un tour officiel qui lui sera fort utile. Dans les deux volumes intitulés *Les promenades japonaises*, publiés en 1878 et en 1880. Guimet et Régamey mettent l'accent sur le sens de la beauté qui gouverne la vie des Japonais.

Mais Émile Guimet ne visite pas le Japon pour s'abandonner au charme de l'exotisme comme le font d'autres voyageurs plus ou moins contemporains. Il est là pour mener des enquêtes, réunir des documents

1. J.-F. Jarrige, « Émile Guimet (1836-1918), un novateur et un visionnaire » *CRAI*, novembre-décembre 2000, p. 1361-1368.

Fig. 1. – Itinéraire de l'expédition d'Émile Guimet au Japon en 1876.

et des objets sur les religions du Japon. Il s'était d'ailleurs bien préparé à cette mission. Bernard Frank a en effet clairement montré qu'il s'était procuré avant son départ une traduction d'un répertoire iconographique du XVIIe siècle, le *Butsuzô zui*, sans lequel il n'aurait jamais pu réunir en quelques semaines une collection exceptionnellement cohérente d'images bouddhiques et de la religion shintô, constituée de plus de trois cents peintures et six cents sculptures. Dans les temples qu'il visite à Kyôto, il est fort bien reçu et, à sa demande, sont organisées des conférences (fig. 3) qui prennent la forme de véritables réunions scientifiques, dont certaines ont été publiées dans les *Annales du Musée Guimet*.

En Chine et en Inde, il ne trouvera pas d'interlocuteurs de la qualité de ceux qu'il avait rencontrés au Japon. A l'exposition universelle de Paris en 1878, il présente une partie du contenu des caisses qu'il a rapportées du Japon, de la Chine et de l'Inde dans une salle intitulée « Religions de l'Extrême-Orient » (fig. 4). Ce sont les œuvres du Japon qui occupent une place centrale et qui retiennent essentiellement l'attention du public. Cet intérêt manifesté par les visiteurs encourage fortement Émile Guimet à créer un musée consacré aux religions qu'il ouvre donc en 1879 à Lyon, puis qu'il transfère en 1889 à Paris. Les collections d'art

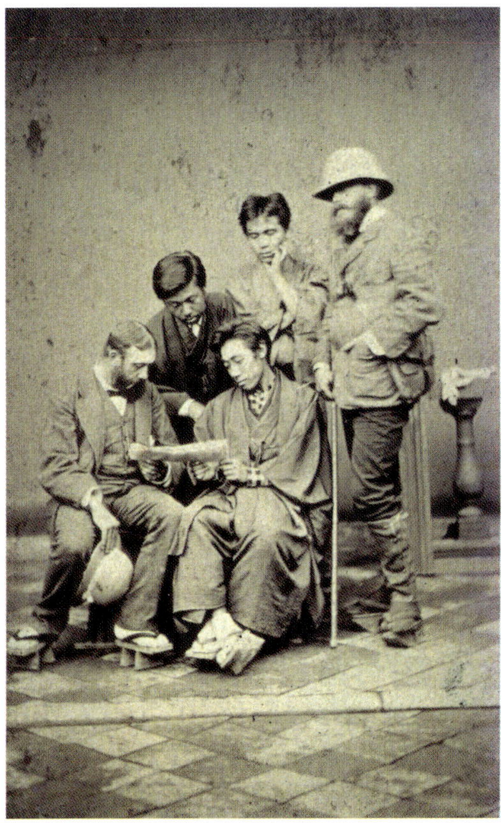

Fig. 2. – Émile Guimet et Félix Régamey avec leurs assistants japonais (1876).

religieux japonais occupent une place très importante dans ce musée (fig. 5). Ces présentations sont purement iconographiques, sans souci de chronologie ou de style. Mis à part quelques estampes réunies par Émile Guimet et un certain nombre de céramiques, le musée Guimet reste à l'écart du grand courant du japonisme. On sait combien le développement de tout un commerce consacré aux estampes et peintures japonaises dans le Paris de cette deuxième moitié du XIXe siècle a joué un rôle majeur dans le renouveau des courants artistiques en France et en Europe, alors même que se formait au musée du Louvre, grâce à de généreuses donations et d'heureuses acquisitions, une belle collection d'estampes.

Dans la suite des travaux d'historiens de l'art japonais comme Ernest Fenolossa (1853-1908), l'intérêt pour l'iconographie religieuse ou pour l'art dit populaire de l'estampe cède la place à une redécouverte des

Fig. 3. – La « Conférence bouddhique » au temple Kennin-ji à Kyoto tenue en l'honneur d'Émile Guimet en 1876 (tableau par Félix Régamey, musée Guimet).

Fig. 4. – Exposition universelle de Paris en 1878 : salle « Religions de l'Extrême-Orient ».

Fig. 5. – Musée Guimet : galerie bouddhique japonaise à la fin du XIXe siècle.

grandes périodes du passé artistique japonais. Les ventes organisées au début du XXe siècle, par l'expert et marchand japonais Hayashi Tadamasa permettent aux collectionneurs parisiens de découvrir des sculptures anciennes ou des peintures signées des grands noms de la peinture des XVIIe-XVIIIe siècles et des céramiques d'artisans célèbres. Plusieurs de ces œuvres, par suite de donations et de quelques acquisitions, entrent dans le département des arts d'Extrême-Orient du musée du Louvre.

Le musée Guimet, du vivant même d'Émile Guimet et plus encore après sa disparition, se transforme en un musée des civilisations asiatiques. Les grandes expéditions en Asie comme celles de Pelliot en Asie centrale, de Bacot au Tibet, ainsi que l'intérêt grandissant pour la Chine, l'art du Cambodge autour d'Angkor, puis à partir des années 1920 pour l'Afghanistan, relèguent au deuxième plan les collections japonaises d'iconographie religieuse jugées tardives.

L'arrivée des collections asiatiques du musée du Louvre au musée Guimet à partir de 1947, dans le cadre d'une réorganisation générale des musées nationaux, constitue un épisode important dans l'histoire de cette institution. La section consacrée au Japon, installée au deuxième étage du musée, peut, avec l'apport des collections venues du Louvre, donner un aperçu beaucoup plus complet de l'art japonais. Les collections d'iconographie religieuse d'Émile Guimet connaissent alors l'exil des réserves. Il est vrai que le musée, surtout connu à l'époque pour ses collections d'art khmer, d'arts de la route de la soie (Afghanistan-Asie centrale) et pour son exceptionnel ensemble de céramique chinoise, n'est pas un lieu de référence pour les arts du Japon.

On doit au grand japonologue Bernard Frank (1927-1996) (fig. 6), qui fut membre de notre Académie, une véritable résurrection de la collection japonaise d'Émile Guimet. A partir de 1955, l'ancien hôtel particulier d'Alfred Heidelbach, transformé en annexe du musée Guimet, au 19, avenue d'Iéna, devient, en collaboration avec l'École pratique des Hautes Études, un centre d'étude des religions où l'on transfère les collections iconographiques d'Émile Guimet. Bernard Frank peut alors étudier et cataloguer des pièces que les spécialistes avaient tendance à considérer comme de peu de valeur sur le plan artistique, sans même les avoir regardées avec attention. Bernard Frank plaide qu'il s'agit là d'une collection exceptionnelle qui est une véritable leçon d'iconographie illustrant admirablement les différentes facettes du panthéon bouddhique japonais. Une première exposition inaugurée par André Malraux permet au premier étage de l'annexe une présentation d'une sélection d'œuvres, avant que le centre d'histoire des religions ne retombe dans le sommeil. Bernard Frank cependant ne se décourage pas et continue son combat pour que le Panthéon bouddhique d'Émile Guimet ne disparaisse pas totalement dans l'oubli. Dès mon arrivée à la direction du musée Guimet, Bernard Frank a bien voulu me faire découvrir l'importance de cette collection. Nous avons alors pris la décision de restaurer sur deux niveaux l'Annexe du musée Guimet pour y installer un véritable Panthéon bouddhique présentant une grande partie de la collection d'Émile Guimet, selon une classification revue par Bernard Frank. Uniques en Occident, comme en Extrême-Orient, les Galeries du Panthéon présentent, depuis leur inauguration en 1991 (fig. 7), les différentes « catégories » des *êtres vénérés* du bouddhisme japonais. Une copie contemporaine du grand mandala en trois dimensions du temple impérial Tôji de Kyoto (fig. 8) est à nouveau devenu visible au public, comme elle le fut pour sa première présentation à l'exposition universelle de Paris en 1878. Grâce au soutien de l'ambassadeur du Japon à Paris de cette époque, S. Exc. M. Motono, le gouvernement japonais accorda un très généreux soutien financier à cette opération. La mise en place du Panthéon bouddhique a permis de constater qu'Émile Guimet avait aussi un bon œil sur le plan esthétique. On peut, grâce à cette présentation, prendre conscience que l'art religieux de la période Edo du XVIIe au XIXe siècle, longtemps peu estimé par les historiens d'art, a produit de fort belles œuvres. Sans le savoir, Émile Guimet a aussi collecté des sculptures importantes des époques Heian, Kamakura (fig. 10) et Muromachi. A l'occasion de l'installation des galeries du Panthéon bouddhique, le

Fig. 6. – Bernard Frank et le révérend Sunahara du temple Toji de Kyôto.

Fig. 7. – Cérémonie d'inauguration du Panthéon bouddhique, le 4 avril 1991, célébrée par des moines du temple Toji.

Fig. 8. – Musée Guimet, Panthéon bouddhique : réplique du mandala du Toji.

Fig. 9. – Musée Guimet : galerie d'art bouddhique, période Heian (IXe-XIIe s.).

Fig. 10. – Musée Guimet, Panthéon bouddhique : Seishi Bosatsu.

jardinier Robert Bazelaire avait créé un jardin de style japonais. Quelques années plus tard, un comité formé de personnalités de Kyoto, sous le patronage prestigieux du regretté Révérend Yamada Sôbin, supérieur du temple Daitokuji, a décidé d'offrir au musée Guimet un pavillon de thé conçu par l'un des architectes les plus célèbres du Japon dans ce domaine, Nakamura Masao. Ce pavillon, réalisé à Paris avec des matériaux importés du Japon par le maître charpentier Yamamoto Takaaki, est un véritable lieu de sérénité, conçu spécialement pour s'accorder à tous les courants de la « Cérémonie du thé » (fig. 11). Il a été inauguré le 12 septembre 2001 par le Révérend Yamada.

Une grande partie des années 1990 a été consacrée à une rénovation générale du musée Guimet qui a abouti à une réouverture le 15 janvier 2000. Cette rénovation a permis de doubler les espaces accordés aux arts du Japon (fig. 9). Si l'on ajoute les galeries du Panthéon bouddhique aux salles permanentes du musée principal, le Japon est sans doute l'un des pays les mieux représentés au musée Guimet. L'exceptionnel soutien financier du professeur Ikuo Hirayama, à l'époque président de l'Université des Beaux-Arts et de la Musique de Tokyo, membre correspondant de l'Académie des Inscriptions et Belles-Lettres, et celui du regretté M. Isao Masamune, à la tête d'un fonds de collecte auprès de nombreuses entreprises japonaises, ont joué un rôle de premier plan pour la rénovation du musée Guimet.

Parallèlement à cette rénovation, le conservateur de la section japonaise, Hélène Bayou, et moi-même avons pu mener une importante

Fig. 11. – Pavillon de thé, réalisé
par le maître charpentier Yamamoto Takaaki, inauguré en 2002.

politique d'acquisitions dans le domaine de l'art japonais. Plusieurs des grands noms de la peinture japonaise, avec notamment la splendide paire de paravents d'Ogata Korin, acquise grâce au mécénat de Crédit agricole, sont enfin présents dans les collections du musée. Plusieurs expositions majeures ont été organisées par le musée Guimet en collaboration avec la Réunion des Musées Nationaux au Grand Palais. En 1996, la grande exposition d'art bouddhique du temple Kôfukuji de Nara au Grand Palais, puis, en 2004, une très riche exposition : « Images du monde flottant, peintures et estampes japonaises du XVIIe et du XVIIIe siècle» ont attiré de très nombreux visiteurs.

Le musée Guimet a connu un remarquable enrichissement grâce à la généreuse donation faite par un amateur éclairé, Norbert Lagane, en 2001 d'une dizaine de peintures, de près de 130 estampes et divers objets d'art japonais. Parmi ces dons si généreux prennent place plusieurs œuvres d'Hokusai dont le désormais célèbre « Dragon parmi les nuages». En 2005, le musée Guimet devait avoir le privilège de présenter une sélection des chefs-d'œuvre du musée Ota de Tokyo dont plusieurs rouleaux peints d'Hokusai. Parmi ceux-ci figurait un tigre qui, d'après le professeur Nagata Seiji, alors vice-directeur du musée Ota et commissaire de l'exposition, constituait l'une des dernières peintures connues d'Hokusai, réalisée peu de temps avant sa mort. A l'issue de

Fig. 12. – Tigre (Ota Museum) et Dragon
(musée Guimet, donation N. Lagane 2001) par Hokusai (1849).

Fig. 13. – Konpira. Pavillon décoré
par Maruyama Okyo (1733-1795) ; intérieur, vue générale.

Fig. 14. – Konpira. Même pavillon, détail panneaux.

l'exposition, nous avons pu dérouler le « Dragon parmi les nuages » du musée Guimet et le « Tigre » du musée Ota (fig. 12). Devant ces deux œuvres dans leur montage d'origine rigoureusement identique, il ne pouvait y avoir aucun doute, sur le fait qu'elles formaient une paire. Nous avons imaginé la joie qu'aurait éprouvée Norbert Lagane, aujourd'hui disparu, de voir se reformer ce diptyque, véritable testament artistique d'Hokusai. Cette paire reconstituée a marqué un temps fort de

Fig. 15. – Musée Guimet : maquette de l'exposition « Konpira – Sanctuaire de la Mer », 15 octobre-8 décembre 2008.

l'exposition des trésors de l'Ukiyo-e du musée Guimet au musée Ota à Tokyo et au musée municipal d'Osaka en 2006.

Pour commémorer le 150e anniversaire des relations diplomatiques entre le Japon et la France, le musée Guimet a organisé en 2008 une grande exposition sur l'œuvre d'Hokusai dans ses collections, avec naturellement le prêt du « tigre » du musée Ota. Cette manifestation a été un des plus grands succès populaires du musée Guimet. A l'automne, la présentation des trésors de la peinture du sanctuaire Shinto de Konpirasan a constitué aussi un événement exceptionnel que la générosité d'un groupe de mécènes japonais et le fort engagement des autorités de ce sanctuaire ont rendu possible. La reconstitution avec les panneaux originaux peints par Maruyama Okyo (1733-1795), l'un des plus grands maîtres du XVIIIe siècle, d'un des célèbres pavillons de ce grand lieu de pèlerinage de l'île de Shikoku, restera sans aucun doute un grand moment de l'histoire du musée Guimet (fig. 13-15).

On peut donc dire que du voyage historique d'Émile Guimet au Japon en 1876 jusqu'à aujourd'hui, l'institution qu'il a créée et qui porte son nom a joué un rôle important dans les relations artistiques entre la France et le Japon. Nous ne pouvons que faire des vœux pour que cette riche collaboration continue à se développer dans l'avenir.

Jean-François JARRIGE

FIDÉLITÉ ET MODERNITÉ DU JAPON

J'ai pleuré sur les restes reconstruits et défigurés de Nuremberg, la plus vaste et intacte cité médiévale d'Europe, et à Dresde sur l'appareil orthopédique posé sur les membres amputés de la plus belle capitale baroque d'Europe. Je n'ai pas pleuré, mais je n'ai jamais eu le cœur aussi serré qu'en débarquant à la gare du Shinkansen à Hiroshima, où je devais inaugurer les travaux du congrès annuel des professeurs japonais de littérature française. Je me suis fait aussitôt conduire en taxi, avec un collègue japonais médiéviste, au vaste parc qui troue la ville reconstruite, où l'on signale le seul arbre étique qui ait survécu à l'impact. Ce vide reste l'unique monument silencieux témoignant de la terreur atomique tombée sur la ville. Espace vide et terrible, où n'a été reconstruit, avec une exactitude admirable, que le château fort de pierre et de bois du gouverneur de la province pendant les siècles du shôgunat. Le château reconstruit, dont il reste d'autres et superbes exemples intacts dans d'autres provinces du Japon, abrite sur plusieurs étages un musée à la gloire de l'époque Edo, cette longue parenthèse de paix civile, de prospérité et d'épanouissement de tous les arts qui n'a guère de parallèle dans l'histoire humaine que dans les deux siècles de la Méditerranée qui ont suivi la mort de César, et dans le siècle et demi de l'Europe qui a suivi les traités de Westphalie. C'est là que j'ai appris que le degré d'alphabétisation de la paysannerie elle-même avait, au XVIIIe, été aussi élevé dans l'archipel qu'en France à la même époque, et c'est là aussi que j'ai compris pourquoi Edmond de Goncourt, qui s'était attaché avec son frère à réconcilier les Français avec l'extrême raffinement atteint par leurs arts sous Louis XV, avait éprouvé une si vive affinité pour les arts de l'époque Edo, que le Japon de l'ère Meiji exportait sans restriction. La reine Marie-Antoinette avait montré la voie, en collectionnant de luxueux objets de laque japonaise, ainsi que les ébénistes parisiens les plus prisés qui incrustaient dans leurs meubles de rares panneaux de laque importés du Japon, via Amsterdam. Aux deux extrémités du monde, les conditions optimales pour les arts avaient été alors réunies : la paix civile, la stabilité d'une économie en circuit quasi fermé, et la conversion générale d'une caste guerrière, nombreuse, de l'exercice de la violence directe à la pratique des arts martiaux et aux plaisirs, de l'esthétique des fureurs du mouvement aux jouissances du repos. Impossible d'imaginer de réponse plus digne et plus implicite à la sommation hautaine et impatiente du commodore Matthew Perry, le 8 juillet 1853, et à l'enchaînement de conséquences qui a suivi cet abordage jusqu'aux bombes américaines sur Hiroshima et Nagasaki, le 6 et le 9 août 1945 : l'ouverture du Japon et sa modernisation à l'occidentale accélérée, que cet éloge méticuleux et somptueux de l'époque Edo, sur les lieux mêmes du dernier acte de la tragédie. Cette réponse silencieuse n'a rien d'un défi adressé à quiconque. Elle contient tout un dialogue du Japon avec lui-même ; elle est moins une commémoration de l'époque Edo, qu'une reconnaissance de ce qui a été perdu avec cette époque, la supériorité des vides sur les pleins, du silence sur les discours et le bruit, du repos sur le mouvement, du délicat sur le brutal, des ombres sur la trop vive clarté, de la contemplation sur l'activité compulsive, de la qualité sur la quantité, et en fin de compte, du recevoir sur le prendre, du regard qui se pose sur le regard qui impose.

Peut-être me suis-je trompé ce jour-là, mais cette visite à Hiroshima m'a persuadé que la seconde modernisation du Japon, celle d'après-guerre, modernisation économique et non plus militaire comme la précédente, mais tout aussi accélérée, était allée de pair, derrière son décor de mégapoles et de géants mondialisé de l'industrie et du commerce, avec une redécouverte et une réappropriation silencieuses, le plus souvent indirectes, des valeurs esthétiques et religieuses de l'époque Edo, que l'ère Meiji avait abandonnées aux collectionneurs et aux artistes européens et américains. A partir de cette première journée à Hiroshima, j'ai vivement souhaité revenir au Japon et le parcourir en profondeur, au-delà de son appareil digestif et de sa façade ultramoderne. J'ai pu en partie réaliser ce projet quelques années plus tard, à la faveur d'une généreuse invitation de la Société japonaise pour la Promotion de la Recherche.

Je ne peux pas dire que j'ai vérifié mon hypothèse. Le Japon n'est pas une allégorie impersonnelle. Il est impossible de lui attribuer une intention ou des arrières-pensées vérifiables et unanimes. J'ai eu la déception par exemple de découvrir, en parcourant l'île de Sado, fragment du Japon du XVIIIe siècle encore indemne, avec ses ports de pêcheurs, ses manoirs pourvus de théâtres Nô, ses nombreux couvents, son artisanat à l'ancienne, des travaux gigantesques de pont et chaussées réalisés par une armée d'ouvriers et d'ingénieurs en uniformes de couleur vive, que mon guide, un professeur qui avait autrefois enseigné le français et qui savait encore par cœur la péroraison du discours de remerciement de Paul Valéry à l'Académie française, qualifiait d'« envahisseurs », ou même d'« avant-garde » barbare d'une invasion prochaine du grand tourisme. Il avait malheureusement raison.

Mais à côté de ce vandalisme programmé depuis quelque bureau ministériel, à Tokyo, combien ai-je pu contempler d'admirables paysages immenses et intacts devant lesquels les spectateurs japonais restent des heures en admiration, combien d'anciens villages trouvant une seconde vie parce qu'un groupes de danseurs, de joueurs de gong, de comédiens de kabuki l'ont choisi pour domicile de leurs répétitions et de leur exercices ! Combien d'aires de temples desservis par un clergé nombreux et attentif ! Pour cet arrière-pays qui n'a rien d'inerte ni de factice, mais qui a sa propre fécondité et qui vit selon son propre rythme, l'intérêt et l'amour des Japonais des grandes villes sont évidents. Ils n'y viennent pas en touristes, mais en pèlerins et en curistes, pour respirer avec le grand poumon traditionnel de la Nation, d'où ils savent que leurs meilleurs poètes, romanciers, architectes, et artisans d'art tirent une inspiration qui les fait aimer et respecter du monde entier, même si leur prospérité matérielle et celle du Japon tirent d'ailleurs ses ressources de survie. Nulle part mieux que dans le domaine impérial d'Isé je n'ai senti cette fonction respiratoire et inspiratrice de ces lieux indemnes inviolés, apparemment inutiles, mais sans lesquels la modernité affairée et engorgée des mégapoles sombrerait dans la claustrophobie et l'allergie. Aussi achèverai-je ce bref hommage à ce que les Romains auraient appelé le Japon de l'*otium* en citant le début d'un essai que j'ai écrit et publié, en revenant à Paris sur ma visite aux sanctuaires d'Isé :

> « Qui sait à quelle date a été conçue et définitivement arrêtée l'architecture des trois temples d'Isé, au sud de l'île principale de l'archipel du Japon, à quelques heures de voiture du port d'Osaka ? Deux de ces temples se dressent dans une vaste et antique forêt sacrée, "non touchée de main d'homme" : les troncs de ces pins, de ces chênes et autres essences d'arbres, sont si gigantesques et leur feuillage si épais, qu'on y avance en plein jour dans une semi-ténèbre sous-marine, percée si le temps est beau par quelques flèches de lumière.
>
> « C'est, à l'autre bout du monde, le *nemus*, le bois ou la forêt sacrée des Latins, dont la pénombre réfléchie dans le cristal d'un ruisseau donne éclat et relief à l'image réfléchie, et pour lui-même irrésistible, du beau et farouche chasseur Narcisse, fils du dieu fleuve Céphise, dans les *Métamorphoses* d'Ovide.
>
> « Sénèque, dans sa *Lettre 41 à Lucilius*, fait une description saisissante de ce genre de forêt sacrée dont il subsiste encore en Italie des fragments sauvages et intacts, entre autres celui qui s'étend indemne du fer impie des chrétiens superstitieux, à Ariccia, non loin du lac de Nemi, derrière le château de la famille romaine des Colonna. Le lac, auprès duquel se dressait dans l'Antiquité un temple de Diane, et toute la vaste forêt environnante, étaient consacrés par les anciens Romains à la déité chasseresse : il est possible qu'Ovide se soit souvenu de ces lieux, proches de Rome, pour décrire le décor de la tragédie d'Actéon, le chasseur qui pénétra par mégarde dans une forêt réservée à Diane, et qui pour son malheur, surprit la déesse au bain. Sénèque songeait peut-être, lui aussi, à ces lieux, lorsqu'il écrivait à son jeune ami :
>
>> "Si tu arrives devant une futaie antique d'une hauteur extraordinaire où la multiplication et l'entrelacs des branches dérobent la vue du

ciel, la grandeur des arbres, la solitude du lieu, le spectacle impressionnant de cette ombre si épaisse et si continue, au milieu de la libre campagne, te donneront la certitude d'une présence divine."

« Quelque part enfouie dans l'océan végétal d'Isé, jaillit la source invisible d'où découle, calme et abondante, une large rivière dont l'eau est aussi cristalline que celle des torrents de haute montagne ou du ruisseau-miroir où le Narcisse d'Ovide, épris de son propre reflet, finit par s'engloutir avant de ressusciter sous forme de fleur safran et blanche étoilant le gazon. Il faut franchir un élégant pont de bois lancé en arc de cercle au-dessus de ce cours d'eau pour accéder au second des deux temples d'Isé.

« Impossible d'aborder ces lieux en touriste. Il y a du divin dans l'air, et il impose sans effort le respect aux impies modernes, comme il s'imposait au philosophe stoïcien devant l'antique *nemus* ou aux chrétiens défricheurs qui ont n'ont point touché au bois d'Ariccia. Point de Hilton dans les parages. *There is no fun here.* Nul miracle non plus à attendre. Point de foule de Lourdes.

« Les mêmes Japonais, que nous ne voyons à Paris qu'en grappes compactes, tenues en suspens par le petit étendard de leur guide et se préparant patiemment, dans la longue queue qui serpente au pied de la pyramide du Louvre, à mitrailler de flashes le portrait de "La Joconde", n'approchent de la vaste forêt sacrée de la religion impériale qu'en pèlerins épars et silencieux. Aucune presse. Peu d'entre eux sont munis de caméras. Encore plus rares sont ceux qui s'en servent, et encore à distance du seuil des temples. Une fois franchie la première porte du soleil, le *torii* shinto dressé au départ de l'allée conduisant au premier temple, un tronc d'arbre creux où coule de l'eau toujours fraîche attend sur sa gauche les pèlerins. Chacun y puise avec une longue louche de bois le liquide lustral qui purifie ses mains, ses lèvres, ses yeux.

« Ce premier temple, le plus vénéré et vénérable, est celui de la grande déesse solaire dont descend en droite ligne l'Empereur, dont la dynastie ininterrompue est depuis toujours propriétaire et administratrice de l'immense fief où se cachent les lieux saints du shintoïsme à l'état pur, fidèle à ses origines, indemne du bouddhisme importé de Chine et de Corée qui imbibe les nobles monastères zen de Kyoto ou de Nara, avec leurs statues antiques et leurs jardins de méditation. Encore plus résolument, Isé tourne le dos au coloriage figuratif et à la profusion baroque qui prévaut dans les sanctuaires semi-bouddhiques ouverts de toutes parts aux touristes et qu'édifièrent, à leur propre gloire tardive, au XVIIe siècle, dans des sites de montagne au nord de Tokyo, les shôguns usurpateurs. Dans un second temple, non loin de là, dans la même forêt, demeure le dieu de la fécondité de la terre et de l'aire du tissage. Il pourvoit à l'alimentation de la grande déesse et à sa garde-robe.

« Il faut ensuite reprendre voiture pour gagner, sur la côte, le troisième temple. Le pèlerinage s'achève à pied, sur un chemin taillé à flanc de falaise, au-dessus des vagues toujours agitées de la mer du Japon, d'où émergent deux rochers déchiquetés de granite noir, reliés au-dessus des eaux par une passementerie décolorée. En fin d'après-midi, l'heure est propice pour adorer en silence le soleil se couchant glorieusement à l'horizon, sous la courtine en arc de cercle qu'inclinent au dessus de l'astre les deux écueils marins.

« Porte naturelle du soleil, ce dernier temple n'est pas fait de main d'homme. Il attendait depuis les origines du monde, si toutefois le monde a une origine plus ancienne que la dynastie impériale, d'être reconnu et consacré par le fragile trait d'union, tissé de main d'homme, qui le parachève et le signale à la piété et à la contemplation. Mais pour l'essentiel, ce temple naturel n'est pas différent des deux autres. Paradoxe incroyable en effet, aucun de ces deux édifices, dont nul pèlerin ordinaire ne verra que le seuil, seuls pouvant le franchir de hauts dignitaires, et seuls pouvant pénétrer dans le sanctuaire l'Empereur, sa famille et le clergé qui lui est affecté, ne date jamais de plus de vingt ans. Leur structure immuable peut passer pour aussi ancienne que les temples et les tombeaux de bois qui, à Saqqara, en Égypte, ont précédé les premières pyramides. Le même sort est réservé aux communs de ces deux invisibles châteaux divins. Tout visibles qu'ils soient, auvents où les pèlerins peuvent choisir dans un fichier de ravissantes amulettes pliées dans des brocarts de diverses couleurs vives et attachées par des cordelettes de soie que leur distribuent de jeunes moines, ou couvents où réside le clergé desservant le culte de chacune des deux divinités, ils semblent eux-mêmes chercher à se confondre avec la forêt.

« Il est difficile d'imaginer une architecture de bois plus élémentaire, et en même temps plus raffinée. Tout est poutre et tenons de couleur miel ou gris, puissamment ajustés selon des proportions, une élégance, une autorité, une simplicité qui feraient paraître nouveau riche même les nefs romanes de églises bénédictines, et baroque le couvent de Port-Royal des Champs que Louis XIV fit raser en 1710.

« Pas un ornement, pas la moindre sculpture, pas la moindre peinture, pas la moindre figure, pas la moindre couleur. L'équilibre parfait de la forme pure tient lieu de décor. Le sublime en quelque sorte de la hutte préhistorique, intacte et reproduite tous les vingt ans à l'identique, contenant et contenu, depuis des dizaines de siècles, par des charpentiers d'élite qui se transmettent leur savoir faire de génération en génération. D'autres artisans, tisserands et orfèvres attachés aux deux temples, renouvellent avec exactitude l'antique et précieux trésor de la déesse comme celui du dieu qui la nourrit et l'habille, trésors auxquels seul l'Empereur en personne a accès, mais qui, eux aussi, sont détruits à date fixe et chaque fois vélocement répliqués, tandis que, sans interruption, les palefreniers du domaine impérial prennent soin de perpétuer et de soigner la race de superbes chevaux à la robe immaculée consacrés à la déesse et que nul humain n'a jamais enfourchés, les jardiniers du domaine s'employant sans répit de leur côté, dans les champs, potagers et vergers invisibles du fief divin à faire pousser le riz, les légumes et les fruits les plus écologiques du monde, exclusivement réservés aux offrandes dont se nourrit la déesse soleil qui réside ici.

« Nous nous trouvons dans la réserve la plus jalousement maintenue intacte, au défi de ce que nous appelons histoire, progrès ou réclame, Vatican non réformé d'une antique religion naturelle. En plein XXIe siècle, dans l'aire de ce domaine sacré, reste intacte une économie agricole du même ordre et du même âge que celle qui prévalait, à l'époque pharaonique, dans les domaines qui faisaient vivre le clergé des grands temples de la vallée du Nil. Je doute que l'électricité, dont je crois me souvenir de n'avoir vu aucune trace, y ait pénétré. »[1]

---

1. Cf. *Revue des Deux Mondes*, juillet-août 2007, p. 97-119.

Il me semble que de tels lieux intacts, où les dieux peuvent séjourner sans déroger, sont pour l'esprit d'une nation aussi indispensable que les grandes bibliothèques, les grands musées, les grandes réserves naturelles. Ils sont une réserve d'oxygène contemplatif, comparables à ce que la *rain forest* amazonienne est pour la bonne santé physique des hommes.

Marc FUMAROLI

DUMÉZIL ET LA MYTHOLOGIE JAPONAISE

C'est sur une suggestion en forme de boutade de Jean-Noël Robert que je me suis lancé dans cet exposé périlleux. Quel rapport peut-il y avoir entre Dumézil, l'homme des trois fonctions du monde indo-européen et les mythes japonais ? Mais ayant contracté une forte dette envers l'œuvre de Dumézil durant ma formation en science des mythes, c'est pour moi une joie de relever le défi. Cela me permettra de nouer un dialogue par-delà le temps avec un maître que je n'ai jamais pu rencontrer. Il est mort en 1986, l'année de mon retour en France après un long séjour au Japon où j'avais eu tout le temps de me nourrir de son œuvre et de travailler sur les mythes japonais.

Si Georges Dumézil (1898-1986) est surtout connu comme un spécialiste de la mythologie comparée dans le cadre précis des peuples rattachés aux langues indo-européennes, il fut aussi d'une curiosité toujours en éveil. Ses travaux sur les langues du Caucase sont perpétués par un centre de recherche qui porte son nom. On sait aussi qu'il alla jusqu'à Cuzco étudier le théâtre Quechua. Or à la fin de sa carrière universitaire, il envisagea de se rendre au Japon, comme directeur de la Maison franco-japonaise, pour y étudier la fonction guerrière. Pourtant, si plusieurs personnes qui furent proches de lui à ce moment-là m'ont confirmé son intérêt pour le Japon et ses mythes, je n'ai jamais rien lu de lui concernant cette question.

Mais dans le petit cercle de disciples qui assistaient régulièrement à son séminaire, aux côtés de Georges Charachidzé, Marcel Detienne et deux celtisants, se trouvait Yoshida Atsuhiko, un jeune helléniste japonais (il est né en 1934). Croisant ses compétences d'helléniste et de comparatiste, Yoshida écrivit plusieurs articles en français sur la présence des trois fonctions dans le monde grec, présence que Dumézil lui-même avait désespéré y trouver. Il publia en 1964 « La structure de l'illustration du bouclier d'Achille »[1] qui reste son article le plus célèbre sur ce thème, ou encore en 1965 et clairement « Survivances de la tripartition fonctionnelle

1. *Revue belge de Philologie et d'Histoire* 92, 1964, p. 7-11.

en Grèce »[2]. Mais surtout pour ce qui nous intéresse ici, il écrivit un long essai publié en trois livraisons dans la *Revue d'Histoire des Religions*, entre 1960 et 1963 : « La mythologie japonaise : essai d'interprétation structurale »[3]. Cet essai sera repris en 1977 de façon condensée dans la revue *Diogène*[4] : « La mythologie japonaise et le système trifonctionnel indo-européen ».

En dehors des articles de la *Revue d'Histoire des Religions* et de *Diogène* l'analyse des mythes japonais à travers la grille de lecture trifonctionnelle n'a pas eu, à ma connaissance, d'autres échos en France. Longtemps, il n'exista à vrai dire que peu de spécialistes de la mythologie japonaise (pour être franc, ils sont encore fort peu nombreux). De plus, la majorité des japonisants spécialistes du Japon ancien ne voyaient pas d'un bon œil des analyses qui s'éloignaient trop d'une approche classique purement philologique. Les seules traces du côté de la recherche française de ces tentatives faites par les chercheurs japonais se trouvent sans doute en 1979 dans le premier article que j'ai commis sur les mythes japonais : « Origine de la mort et voyage dans l'au-delà selon trois séquences mythiques du *Kojiki* et du *Nihonshoki* »[5] et dans l'ouvrage d'Alain Rocher paru en 1997[6]. Dans les deux cas, la question étaient évoquées, mais il ne s'agissait pas d'analyses de type dumézilien. Une présentation de la question avait été faite uniquement à partir des sources occidentales par Pierre Lévêque[7] en 1988.

Dumézil au Japon

La situation au Japon fut totalement différente. Pendant les années 70 et 80, on observa une intense activité académique mais aussi de publications destinées au grand public tournant autour des mythes japonais. En effet, c'est durant ces années que le souvenir de l'exploitation de la mythologie nationale à des fins de propagande ultranationaliste

---

2. *Revue d'Histoire des Religions* CLXVI/1, juillet-septembre 1964, p. 21-38 ; on peut y ajouter : « Piasos noyé, Cléité pendue et le moulin de Cyzique, essai de mythologie comparée », *ibid.* CLXVIII/2, octobre-décembre 1965, p. 155-164.

3. *Ibid.* CLX, p. 47-66 ; CLXI, p. 25-44 ; CLXIII, p. 225-245, 1961-1963.

4. « Japanese Mythology and the Indo-European Trifunctional System », *Diogène*, vol. 25, n° 98, 1977, p. 93-116. On trouve dans le même numéro un article d'Ôbayashi Taryô, « La structure du panthéon nippon et le concept de péché dans le Japon ancien », p. 125-142. Il publia la même année : « The origins of Japanese mythology », *Acta Asiatica* 31, 1977, p.1-23.

5. *Cahiers d'études et de documents sur les religions du Japon*, Paris, École pratique des Hautes-Études, V^e section, 1979, p.73-113.

6. *Mythe et souveraineté au Japon*, PUF, 1997.

7. P. Lévêque, *Colère, sexe, rire – Le Japon des mythes anciens*, Les Belles Lettres, 1988.

s'estompant, les études sur ce sujet ont pu renouer avec les recherches de l'avant-guerre qui elles-mêmes avaient entamé un dialogue fructueux avec les méthodes employées en Occident sur le traitement des mythes. Pour ne citer qu'un exemple, Matsumura Takeo rendait déjà compte des premiers ouvrages de Dumézil en 1941[8]. Il présentait Dumézil à côté de Marcel Mauss (1873-1950), Henri Hubert (1872-1927), Lucien Lévy-Bruhl (1857-1939). Il citait *La légende sur les Nartes* (1930), *Le crime des Lemmiennes* (1924), *La question des Centaures* (1929).

Le succès de la méthode dumézilienne dans les années 70 au Japon n'est donc pas entièrement surprenant. Il avait été préparé par une longue pratique de l'expérimentation au Japon des méthodes d'analyses utilisées par les chercheurs occidentaux. Il faut toutefois préciser que ceux qui vont se lancer dans ce type de recherche ne sont pas pour la très grande majorité des spécialistes des classiques japonais qui ont conservé les mythes à commencer par le *Kojiki* et le *Nihon shoki*.Yoshida a d'abord eu une formation d'helléniste avant de devenir spécialiste de mythologie comparée. Ôbayashi Taryô (1929-2001), l'autre grande figure des études dans ce domaine, après des études d'économie, se concentra sur l'ethnologie de l'Asie du Sud-Est. Ce n'est que dans un second temps qu'il s'intéressa au Japon et à ses mythes. Les spécialistes des anciens textes, à quelques exceptions notables comme Saigô Nobutsuna (1916-2008)[9], ont longtemps éprouvé une certaine répugnance à se servir d'outils conceptuels venus d'Occident.

L'œuvre de Dumézil a donc marqué la recherche japonaise sur les mythes à partir des années 70, c'est-à-dire au moment où les travaux de Lévi-Strauss vont commencer à être assez bien connus au Japon. Lévy-Strauss lui-même s'y rendra à cette époque. Assez curieusement, même si Ôbayashi[10] et Yoshida[11] se réfèrent à Lévi-Strauss, ce sont bien les schémas duméziliens qui ont eu leur préférence. L'analyse structurale de type lévi-straussien n'a pas connu le même développement. En japonais, on ne cite souvent que deux auteurs, Kitazawa Masakuni et sa *Cosmologie des mythes japonais*[12] de 1991, et moi-même dans ma *Structure des*

8. Matsumura Takeo, « Shinwagakushi [*Histoire de la science des mythes*] », in *Shinwagaku genron* II. *Théorie fondamentale de la science des mythes*, Baifûkan, 1941, cité dans Hirafuji Kikuko *Shinwagaku to Nihon no kamigami* [*La science des mythes et les dieux du Japon*], Kôbundô, 2004, p. 89-90.

9. *Kojiki chûshaku*, 4 vol., Heibonsha, 1975-1987.

10. *Nihon shinwa no kôzô* [*La structure des mythes japonais*], Kôbunkan, 1975.

11. *Shinwa no kôzô – mitôrevisutorojiku* [*La structure des mythes – Mytho-lévi-strogiques*], Asahishuoppan, 1978.

12. *Nihon shinwa no kosumorojî* [*Cosmologie des mythes japonais*], Heibonsha, 1991.

mythes du Kojiki[13] de 1989. Il faut ajouter en français l'ouvrage d'Alain Rocher, *Mythes et souveraineté au Japon* de 1997. Si Dumézil eut plus de succès que Lévi-Strauss dans l'analyse structurale des mythes japonais, ce fut en partie une histoire de liens personnels, ceux de Yoshida avec Dumézil, mais plus profondément un sentiment de familiarité avec une méthode reposant sur les sources écrites et la philologie. Lévi-Strauss s'était interdit d'aborder les mythes mis par écrit et ceux produits par les sociétés complexes. C'est pourquoi, il s'abstint d'utiliser les mythes incas, mayas ou aztèques dans sa vaste symphonie que constituent les *Mythologiques*.

Au Japon, ce fut donc le versant dumézilien du structuralisme qui l'emporta. Ôbayashi Taryô publia en 1975 *Structure des mythes japonais*[14], puis *Mythes et sciences des mythes*[15] en 1975, *Les mythes de la royauté en Asie orientale – Japon, Corée, Ryûkyû*[16] en 1984. Mais ce sont surtout les ouvrages de Yoshida Atsuhiko qui suivent au plus près le schéma dumézilien. En 1974, paraît *Mythes japonais et mythes indo-européens – Essai d'analyse structurale*[17], puis *La mythologie comparée aujourd'hui – Dumézil et son influence*[18] en 1975 (ouvrage collectif comprenant des chapitres de Yoshida, Ôbayashi, et des traductions de textes de Francis Vian, Louis Gernet, Jean-Pierre Vernant, Émile Benvéniste). Il y aura ensuite en 1976 *Les courants originels des mythes japonais*[19], *Yamatotakeru et Ôkuninushi – Essai de mythologie comparée*[20] en 1979, *La figure originelle d'Amaterasu*[21] en 1980. Les deux duméziliens vont aussi écrire en collaboration en 1981 *Dieux de l'épée, héros de l'épée – recherches comparatives sur le mythe de Takemikazuchi*[22].

---

13. Furansowa Mase, *Kojiki shinwa no kôzô* [*Structure des mythes du* Kojiki], Chûôkôron, 1989.

14. *Nihon shinwa no kôzô* [*Structure des mythes japonais*], Kôbundô, 1975.

15. *Shinwa to shinwagaku* [*Mythes et sciences des mythes*], Ôwashobô, 1975.

16. *Tôajia no ôkenshinwa-Nihon Chôsen Ryûkyû* [*Les mythes de la royauté en Asie orientale – Japon, Corée, Ryûkyû*], Kôbundô, 1984.

17. *Nihon shinwa to in.ô shinwa – kôzôronteki bunseki no kokoromi* [*Mythes japonais et mythes indo-européens – Essai d'analyse structurale*], Kôbundô, 1974.

18. *Hikaku shinwagaku no genzai – dyumejiru to sono eikyô* [*La mythologie comparée aujourd'hui – Dumézil et son influence*], Asahishuppansha, 1975.

19. *Nihon shinwa no genryû* [*Les courants originels des mythes japonais*], Kôdansha, 1976.

20. *Yamatotakeru to Ôkuninushi – hikakushinwagaku no kokoromi 3* [*Yamatotakeru et Ôkuninushi – Essai de mythologie comparée 3*], Misuzu shobô, 1979.

21. *Amaterasu no genzô* [*La figure originelle d'Amaterasu*], Seitosha, 1980.

22. Ôbayashi Taryô, Yoshida Atsuhiko, *Tsurugi no kami tsurugi no eiyû – Takemikazuchi shinwa no hikaku kenkyû* [*Dieux de l'épée héros de l'épée – recherches comparatives sur le mythe de Takemikazuchi*], Hôseidaigaku shuppan, 1981.

Après une intense production pendant une dizaine d'années, la mode indo-européenne s'est estompée. Yoshida par exemple s'est tourné vers une vision plus centrée sur le Japon avec un ouvrage sur la mythologie de l'époque Jômon[23] en 1987. Mais en 2004, une de ses disciples a repris le flambeau. Sous le titre un peu trompeur de *La science des mythes et les dieux du Japon*, Hirafuji Kikuko[24] présente avant tout une synthèse des travaux de Yoshida et d'Ôbayashi relatifs aux trois fonctions au Japon. A mon grand dam, le structuralisme lévi-straussien est expédié en trois lignes[25].

Les trois fonctions au Japon

La thèse sur laquelle reposent les travaux des Duméziliens japonais, est simple : la structure trifonctionnelle de l'idéologie indo-européenne se retrouve clairement dans les mythes japonais. La première preuve en serait la présence de trois grands dieux qui couvrent chacun un des domaines du système trifonctionnel. Dans cette optique, Amaterasu, déesse solaire, maîtresse de la Haute-Plaine céleste, ancêtre de la famille royale appartient bien évidemment à la première fonction. Son frère, le bouillant et incontrôlable Susa no wo, qui bouleverse les cultures, mais qui dompte aussi le monstre à huit têtes, serait l'illustration de la deuxième fonction. Enfin, le grand dieu d'Izumo, le maître du Grand pays, Ôkuninushi, guérisseur, semeur de graines, collectionneur de femmes, conviendrait parfaitement à la tête de la troisième fonction[26]. Bons lecteurs de Dumézil, les auteurs ne sont pas contentés de cette première triade. Ils ont rapproché la division des dieux du panthéon germanique en Ases (première et deuxième fonction) et Vanes (troisième fonction) des deux catégories de divinités de la tradition japonaise, les dieux du ciel et ceux du pays Amatsukami, Kunitsukami[27]. Dans les deux cas, l'affrontement entre les deux peuples divins se termine par une alliance qui illustre leur complémentarité.

Ils ne pouvaient pas non plus passer à côté des trois *regalia* des souverains japonais, les *sanshu no shinki* : le miroir, *Yata no kagami*, l'épée, *Kusanagi*

23. Yoshida Atsuhiko, *Jômon no shinwa* [*La mythologie de Jômon*], Seitosha, 1987.

24. Hirafuji Kikuko (née en 1972), *op. cit.* (n. 8).

25. *Op. cit.*, p. 71.

26. C'est le thème de l'article fondateur de Yoshida : « La mythologie japonaise : essai d'interprétation structurale », *art. cit.* (n. 3).

27. Ôbayashi Taryô. *Nihon shinwa no kôzô* [*La structure de la mythologie japonaise*], Kôbundô, 1975, p. 41-71. Il profite de ce parallèle pour amener une distinction capitale en dieux du pays et dieux de la nature.

no tsurugi[28], et le joyau *Yasaka ni no magatama*, qui correspondraient terme à terme aux trois fonctions.

Ôbayashi Taryô ajouta une nouvelle série[29]. Il fit remarquer que, dans les sources les plus anciennes, les sanctuaires dédiés aux dieux sont nommés d'ordinaire *yashiro* ou *kami yashiro*[30], à l'exception de trois. Les sanctuaires d'Ise, d'Isonokami et d'Izumo ont droit à l'appellation de *kami no miya*[31]. Le terme de *miya* servait aussi à désigner le palais du souverain. Ise est le sanctuaire dédié à Amaterasu, l'ancêtre de la famille royale, Isonokami le sanctuaire du dieu tutélaire du clan guerrier des Mononobe. On y conserve l'épée qu'Amaterasu et Takamimusubi firent descendre sur terre pour secourir Jinmu, le premier souverain humain. Enfin Izumo célèbre Ôkuninushi. Il est resté le sanctuaire qui protège les unions. La concordance avec les trois fonctions paraît assez facile à établir.

L'analyse se fait plus subtile en présentant le domaine de compétence d'Amaterasu. Yoshida le range du côté mitrien de la souveraineté, classant par contrecoup Ame no minakanushi, le premier dieu apparu au commencement du monde sur le versant varunien. Les deux divinités qui lui succèdent Takamimusubi et Kamimusubi qui eux vont agir de concert avec Amaterasu sont mis en regard d'Aryaman et Bhaga, auxiliaires de Mitra dans la tradition védique[32].

Il fallait aussi tenir compte d'une difficulté majeure, Amaterasu, la divinité solaire souveraine est une déesse. Ce cas de figure se présente comme une anomalie dans le cadre du schéma indo-européen. Mais Yoshida explique la situation singulière d'Amaterasu dans le cadre trifonctionnel en la rapprochant des déesses polyvalentes mises en lumière par Dumézil, dont le prototype serait l'iranienne Anâhitâ, déesse dont la sphère d'influence recoupe les trois fonctions[33].

L'autre difficulté que ne pouvait ignorer un disciple de Dumézil comme Yoshida, c'est la position du Japon par rapport au monde indo-européen. Dumézil avait bien pris la précaution de circonscrire son enquête à des sociétés ayant parlé une des langues de l'ensemble indo-européen ou ayant été en contact direct avec de telles sociétés comme

---

28. Aussi connue sous le nom d'Ame no mura kumo no tsurugi.

29. Ôbayashi Taryô, *op. cit.* (n. 27) p. 83-97 (il y cite Aoki Kôjirô, *Kodai Nihon no shizoku to tennô* [*Clans et empereurs dans le Japon antique*], Hanawa shobô, 1964, p. 283-291, 307-308). Ce chapitre est résumé dans l'article : « La structure du panthéon nippon et le concept de péché dans le Japon ancien », *Diogène*, n° 98, avril-juin 1977, p. 138.

30. Expression que l'on lit maintenant *jinja*.

31. Actuellement lue *jingû*.

32. Yoshida Atsuhiko, *art. cit.* (n. 3), 3ᵉ partie parue en 1963, p. 230.

33. Id., *op. cit.*, p. 247.

cela se produisit dans le Caucase ou en Asie centrale. La solution proposée est assez simple. Les plaines d'Asie centrale loin d'être un obstacle furent un extraordinaire couloir par où transitèrent hommes, marchandises, inventions et pourquoi pas mythes et idéologie. Le point de départ serait les Scythes[34]. Les Ossètes qui transmirent la *Légende sur les Nartes*[35] formeraient un maillon intermédiaire. A l'autre extrémité, les Royaumes coréens et leur mythe d'origine représenteraient la dernière étape avant le Japon[36]. Le lien entre les derniers maillons serait un mystérieux peuple des cavaliers, *kiba minzoku*, dont l'existence expliquerait l'émergence des premières formes étatiques au Japon selon Egami Namio[37].

J'ignore malheureusement ce que Dumézil pensa de ces hypothèses. Quoique leur résumé puisse peut-être le faire penser, on ne peut pas les réfuter d'un revers de main. Il existe à l'évidence un certain nombre de faits troublants. Ainsi le passage de la *Légende sur les Nartes* qui raconte les aventures de Satana évoque le mythe de la caverne des textes japonais. Comme Amaterasu, Satana doit affronter un cheval dans un contexte à forte connotation sexuelle[38]. Les deux héroïnes deviennent mères sans avoir enfanté, l'une en tirant un enfant d'un rocher, l'autre en offrant des *tama* (pierres précieuses). On pourrait ajouter qu'elle s'enferme dans le rocher.

A propos du héros Yamatotakeru, Yoshida interprète de façon convaincante le meurtre de son frère Ôusu, puis ses combats contre Kumasotakeru et Izumotakeru, et enfin son union avec Miyazuhime comme la version japonaise des trois péchés du guerrier[39], trois types de péchés concernant chacun une des trois fonctions comme l'avait montré Dumézil dans ses *Aspects de la fonction guerrière chez les Indo-européens* (1956). En tuant son frère, Yamatotakeru « se charge d'un crime particulièrement impie » relevant de la sphère du religieux et donc de la première fonction, en vainquant Kumasotakeru et Izumotakeru par des ruses, il atteint à l'honneur des guerriers, en s'unissant à Miyazuhime alors qu'elle a ses règles, il va à l'encontre de la morale commune qui garantit des unions fécondes.

---

34. Yoshida Atsuhiko, « Nihon shinwa to sukyutai shinwa », *Bungaku*, novembre 1971, Iwanami shoten.
35. G. Dumézil, *Le livre des Héros – Légendes sur les Nartes*, 1re édition 1965, Gallimard-UNESCO, 1989.
36. Ôbayashi Taryô, *op. cit.* (n. 16).
37. Egami Namio, *Kiba minzoku kokka* [*L'État du peuple de cavaliers*], Tôkyô, Chôkô shinsho, 1967.
38. Yoshida Atsuhiko, *art. cit.* (n. 3), p. 69-71.
39. Id., *art. cit.* (n. 3), 1962, en plus détaillé 1979 (*op. cit.* [n. 20]), p. 82-115.

Les limites de l'approche des Duméziliens

A près de cinquante ans de distance et malgré les nouveaux éclairages apportés et les nuances du dernier ouvrage de Mme Hirafuji, je ne pense pas que l'on puisse encore poser la question de la structure trifonctionnelle des mythes japonais. Les rapprochements sont certes troublants, mais il en existe d'aussi troublants avec les mythes grecs, ou les mythes amérindiens. Le parallèle entre le couple Déméter-Baubo et celui que forme Amaterasu et Ame no uzume peut être fécond[40] sans avoir recours à l'idéologie indo-européenne. D'autre part, Susa no wo représente un bel exemple du bébé pleurard décrit par Lévi-Strauss dans ses *Mythologiques*. On peut ajouter que le mythe de Konohana no sakuyahime illustre parfaitement les récits amazoniens d'origine de la vie brève. Il est pourtant difficile de rechercher une parenté entre le Japon du VIIIe siècle et les sociétés amazoniennes du XXe siècle. En bref, il ne me semble pas possible de postuler une parenté – aussi lointaine soit-elle – entre les mythes japonais et les mythes indo-européens.

Plus précisément, la triade dégagée par Yoshida qui comporterait Amaterasu, Susa no wo, Ôkuninushi n'apparaît comme tel dans aucun texte japonais qu'il soit mythique ou rituel. On ne peut donc pas observer l'ordre canonique du type Jupiter, Mars, Quirinus. Le caractère guerrier de Susa no wo est à mon sens forcé. Il est certes violent, mais il n'apparaît jamais comme le dieu de la guerre ou des guerriers. Les clans renommés spécialistes de la chose guerrière comme les Mononobe ou les Kume se réclamaient d'autres ancêtres divins. Takemikazuchi, l'autre divinité rattachée à la deuxième fonction par Yoshida[41], n'entretient aucun rapport avec Susa no wo. Par contre, les mythes affirment sans équivoque une parenté directe entre Susa no wo et Ôkuninushi au point que l'on n'est pas très sûr que la divinité célébrée à Izumo soit Ôkuninushi et non pas Susa no wo dont le nom se trouve sur le grand portique, *torii*, à l'entrée du sanctuaire.

L'autre série symbolique, celle des *regalia*, est certes bien attestée et ce dès le *Kojiki*. Pourtant dans ce texte, l'ordre n'est pas celui auquel on pourrait s'attendre dans une énumération de type trifonctionnel. Quand Amaterasu remet à son petit-fils les objets qu'il emportera sur terre, elle lui donne en premier les joyaux, *tama*, puis le miroir et enfin l'épée[42]. De plus, quand auparavant son père Izanaki avait décidé de lui confier le

40. Id., M. Olender, « Aspects de Baubô », *Revue d'Histoire des Religions* CCII, janvier-mars 1985, p. 3-55 ; P. Lévêque, *op. cit.* (n. 7), p. 39-53 ; P.-L. Couchoud, « Le mythe de la danseuse obscène », *Mercure de France*, juillet-août 1929, p. 337 sq.

41. Yoshida Atsuhiko, « La mythologie japonaise », 3e partie, p. 239-240.

42. Nishimiya Kazutami éd., *Kojiki*, Ôfûsha, 1978, p. 75.

gouvernement de la Haute-Plaine céleste, il lui avait donné son propre collier de *tama*. Les deux autres enfants Tsukiyomi, le dieu lune qui eut la nuit en partage, et Susa no wo, la maîtrise de la plaine océane, ne reçurent rien de tel. Le lien entre les *tama* et les richesses n'est pas aussi évident qu'on pourrait le penser. Il pourrait être interprété tout aussi bien comme le gage du pouvoir, ou le signe d'une filiation légitime[43].

La question du mode de transmission demeure cruciale. L'hypothèse du peuple cavalier, pour séduisante qu'elle soit, est maintenant controuvée. Les archéologues ont démontré son impossibilité[44]. Si le cheval fait une entrée remarquée dans les tombes monumentales du IVe siècle, ce ne fut pas à la suite d'une invasion d'un peuple venu des steppes[45].

Le voyage des dieux et même de panthéons entiers ne pose pas problème dans certains contextes. On retrouve au Japon des divinités du panthéon indien facilement reconnaissables comme Indra ou Brahmâ. Ils sont passés par le bouddhisme et leur route est relativement aisée à suivre. Dans l'hypothèse d'un transfert du système indo-européen, il faudrait envisager un système similaire. Mais le passage s'avère beaucoup plus délicat dans ce cas très complexe de toute une idéologie sans le support de l'écrit pour des langues aussi différentes que le japonais et les plus orientales des langues indo-européennes[46].

Un échec fécond

On serait donc devant un constat d'échec. Cette impression doit pourtant être nuancée. Le rapprochement opéré par Yoshida entre Yamatotakeru et l'idéologie indo-européenne illustre indirectement la fécondité de la démarche dumézilienne. En effet, Yamatotakeru n'appartient pas au Temps des dieux, aux mythes à proprement parler. Ce héros tragique appartient aux temps des hommes. Il est fils d'un souverain Keikô dûment pourvu de dates, 71-130 de notre ère, selon le *Nihon shoki* (720). S'appuyant sur des ouvrages comme *Mythe et épopée*[47] ou

43. Enfin, c'est l'objet qui a suscité le moins de commentaires ou d'anecdotes. Il paraît même avoir parfois été confondu avec le sceau royal.

44. Sahara Makoto, *Kiba minzoku wa konakatta* [*Le peuple de cavaliers n'est pas venu*], NHK Books, 1993.

45. Pour une vision d'ensemble de l'évolution des techniques et du pouvoir se reporter à Laurent Nespoulous, thèse de doctorat soutenue à l'INALCO, *Une histoire de la protohistoire japonaise*, 2007.

46. Sogdien et tokharien qui n'ont guère laissé de vestige de l'idéologie indo-européenne.

47. *Mythe et épopée*, Gallimard, t. 1, 1968 ; t. II, 1971.

Du Mythe au Roman[48], Yoshida quitte la stricte définition de la mythologie pour inclure dans sa recherche les parties du *Kojiki* qui s'apparentent à l'épopée ou au roman. Ce fut une avancée considérable par rapport aux travaux antérieurs comme ceux de Matsumura Takeo. Ce dernier dans son grand œuvre, *Études sur les mythes japonais*[49], avait entrepris un immense travail de confrontation entre les mythes japonais et ceux du reste du monde, mais il s'était strictement limité au Temps des dieux, laissant de côté des personnages aussi important que Yamatotakeru, Jingû ou Ôjin et les récits qui les concernent.

Un autre apport se révèle encore plus important. A partir de l'arrivée au Japon des instruments occidentaux d'analyse des mythes, la grande majorité des études s'étaient concentrées sur des parallèles ou des confrontations ponctuelles. Tel mythe japonais rappelait tel mythe étranger. Pour s'en tenir au cadre indo-européen, on avait rapidement fait le rapprochement entre le mythe d'Izanaki-Izanami et celui d'Orphée et d'Eurydice. Dans les deux cas, le héros se rend aux Enfers pour tenter de ramener son épouse bien aimée. Ils obtiennent la permission de le faire à la condition expresse de ne pas la regarder. Ce qu'ils ne peuvent s'empêcher de faire. D'autres rapprochements étaient opérés avec des mythes indonésiens comme celui de Hainuwélé[50]. Les conclusions de ce type de comparaison se révélaient souvent décevantes. On tirait souvent partie de tel rapprochement pour affirmer une filiation ou une forte affinité entre le Japon et telle partie du monde, le plus souvent le Sud-Est asiatique ou la Grèce, rapprochements qui demeuraient fragiles puisque seuls quelques mythes étaient confrontés.

La conséquence de cette comparaison tout azimut fut de ne considérer les mythes et récits japonais que comme des recueils de traditions d'origine diverse formant une sorte de patchwork sans cohérence interne.

L'approche des Duméziliens partait d'un *a priori* diamétralement opposé. L'ensemble des mythes japonais devait donner une vision du monde cohérente. Par le biais du comparatisme, ils retrouvaient les tenants d'une vision plus traditionnelle pour qui les plus anciens récits reflétaient l'âme authentique des Japonais. Le choix de la cohérence s'accompagnait d'une grille de lecture qui, pour discutable qu'elle puisse paraître, avait l'immense avantage de donner un sens et une consistance certaine aux grandes figures des mythes japonais. On quittait les

48. *Du mythe au roman*, PUF, 1970, qui reprend *La Saga de Hadingus* publiée en 1953.

49. *Nihon shinwa no kenkyû*, 4 vol., Baifûkan 1954, 1955, 1958.

50. Yoshida Atsuhiko, *Chiisana ko to hainuvere – hikakushinwagaku no kokoromi 2* [*La petite fille et Hainuwélé – essais de mythologie comparée 2*], Misuzu shobô, 1976.

interprétations naturalistes et les mythes solaires, pour la souveraineté ou la fonction guerrière. Ce qui donne plus à penser. Cette approche a guidé ma propre démarche[51] et, j'en suis persuadé, celle de la majorité des spécialistes de mythologie. Pour terminer je voudrais vous soumettre la définition du mythe que Dumézil donnait dans son *Loki*. Elle me paraît toujours d'une singulière actualité dans l'étude des mythes et particulièrement ceux du Japon, mis par écrit au moment où leur vision du monde était sur le point de disparaître :

> « La pensée mythique, je veux dire celle qui crée et administre les mythes, est intermédiaire entre la pensée onirique et la pensée verbale, entre le rêve, dont elle a le caractère illustré, dramatique et en général symbolique, et le discours, dont elle a le caractère lucide, articulé et en général cohérent. Mais, comme le rêve et comme le discours (et sans être bien entendu indépendante de l'un ni de l'autre), *elle se suffit à elle-même*, elle fait elle-même les opérations qui, transposées dans le pensée verbale, seraient des analyses et des synthèses, mais qui, en elle, comme dans l'intuition dynamique du peintre, du poète ou du romancier, sont plutôt la prise de conscience *immédiatement imagée et scénique* des rapports essentiels (liaisons causales, ressemblance, oppositions), *sans qu'il y ait à aucun moment dissociation de l'ensemble* [...] Beaucoup de peuples ont une *philosophie mythique* fort avancée qui n'ont pas encore ou qui n'auront jamais de *philosophie discursive*. La *mythologie* précède, prépare souvent, en tout cas remplace l'*idéologie* et rend les mêmes services. »[52]

François MACÉ

51. Id., « l'empereur Ojin et le mythe indo-européen relatif à la naissance du soleil », *Annales*, 1984, p. 769-775 ; « Dumézil et les études comparatives des mythes japonais », in *Georges Dumézil, Cahier pour un temps*, 1981, p. 93-116.

52. G. Dumézil, *Loki*, Flammarion, 1986, p. 228-229 (c'est la troisième version d'un livre paru pour la première fois en 1948).

UN FRANÇAIS DÉCOUVRE LE JAPON DE MEIJI : AUTOUR DE LA COLLECTION LOUIS KREITMANN

Le 7 février 1876, un jeune Français, Louis Kreitmann (1851-1914), débarque à Yokohama. C'est un lieutenant du génie, promis à un bel avenir, puisqu'il finira général de brigade et commandant de l'École polytechnique (1908-1911), dont il avait été élève (promotion 1870) (fig. 1)[1]. Il est venu au Japon, dans le cadre de la seconde mission militaire française, pour enseigner les techniques de fortification et la topographie à l'École militaire nouvellement créée à Tokyo. Il va y rester pendant 2 ans et 3 mois, puis repartira le 20 mai 1878 pour la France, avec une malle pleine de souvenirs.

Ses archives – journal, lettres, photos, cartes et plans, albums de documents illustrés[2], manuels d'enseignement, etc. – vont rester cachées pendant plus d'un siècle. Louis Kreitmann les avait envoyées à ses parents, qui habitaient Strasbourg, une ville alors peu facile d'accès pour un officier français. Elles sombrèrent dans l'oubli, jusqu'à ce qu'un de ses petits-fils, Pierre Kreitmann (lui aussi polytechnicien), les redécouvre et se passionne pour elles. Elles sont déposées en majeure partie, depuis 2002, à l'Institut des Hautes Études japonaises du Collège de France, qui est chargé de leur exploitation scientifique.

Parmi ces documents, c'est une collection de quelque cinq cents photographies, collées sur trois albums, qui retiendra spécialement notre attention[3]. Kreitmann est venu de France avec son appareil de photo, mais comme il le constate dans une lettre à ses parents :

---

1. Sa carrière militaire est retracée dans les articles que lui ont consacrés le *Dictionnaire de biographie française*, 18, 1994, c. 1272, et le *Nouveau dictionnaire de biographie alsacienne*, 5, 1993, p. 2107.

2. Il s'agit de quatre albums de dessins *Ken.eirô gasô* provenant de la famille Tayasu, une des branches des Tokugawa (*Ken.eirô* est le nom de la bibliothèque des Tayasu).

3. Sur les quelque 500 photos de cette collection, 255 sont publiées et commentées dans l'ouvrage collectif dirigé par Nicolas Fiévé et Sekiko Matsuzaki-Petitmengin, *L'aube du Japon moderne vue par un officier français au cours des années 1876-1878*, Tokyo, IRD Kikaku, 2005 (édition bilingue franco-japonaise).

> « La photographie a pénétré au Japon avec une rapidité remarquable, et je suis obligé de dire qu'apporter ici un appareil photographique a été de ma part une superfétation ; je colle toutes mes photos dans un immense album japonais et je prévois qu'il m'en faudra bientôt un nouveau » (lettre du 18 avril 1877).

Sa surprise tient peut-être au fait qu'en Europe l'actualité japonaise était surtout connue par des dessins au trait, comme ceux que Charles Wirgman publiait dans les *Illustrated London News*. Les croquis et les aquarelles du capitaine Jules Brunet, un prédécesseur de Kreitmann reparti en France en 1870, ainsi que les planches publiées dans le *Monde illustré* d'après les croquis d'Alfred Roussin, secrétaire de l'amiral Jaurès qui commandait la frégate *Sémiramis*, en mission en Extrême-Orient de 1862 à 1865, étaient caractéristiques du « reportage à l'ancienne », alors en vogue[4].

En fait, la photographie, importée au Japon en 1848 par un négociant de Nagasaki et d'abord faite par reproduction sur plaque d'argent, avait pris son essor avec l'adoption d'un nouveau procédé, utilisant une plaque au collodion humide[5]. C'est au début des années 1860 qu'apparaissent les premiers photographes professionnels, soit japonais, soit étrangers, comme le célèbre Felice Beato[6]. Pendant le séjour de Kreitmann, plusieurs ateliers étaient en pleine activité, notamment à Yokohama, où l'on importait le matériel de prise de vue.

Kreitmann n'a pas pris lui-même toutes les photos de sa collection, la présence fréquente des mêmes clichés dans d'autres recueils nous montre qu'il avait largement recouru au marché local[7]. Toutefois le

---

4. Voir *Egakareta bakumatsu Meiji : Illustrated London News 1853-1902*, Tokyo, Yûshôdô shoten, 1973 ; *Le monde illustré : Nihon kankei sashie-shû*, Yokohama, Yokohama kaikô shiryôkan, 1988 ; C. Polak, *Soie et lumières. L'âge d'or des échanges franco-japonais (des origines aux années 1950)*, Tokyo, Hachette Fujingaho, 2001, p. 92-97.

5. Yoshida Akira, « Introduction et diffusion de la photographie au Japon », in *op. cit.* (n. 3), p. 273-278.

6. Felice Beato (vers 1825-vers 1907), photographe d'origine italienne et naturalisé anglais. Il arrive à Yokohama en 1863, où il rejoint son associé Charles Wirgman. Celui-ci reproduit de nombreuses illustrations dérivées des photographies de Beato pour les *Illustrated London News*. Après avoir joué un rôle très important dans le développement de la photographie au Japon, il vend son studio en 1877 à Stillfried & Andersen et se consacre à la finance. Il quitte le Japon en 1884. Les photos de Beato ont été largement reproduites, notamment dans *F. Beato bakumatsu Nihon shashinshû*, éd. Yokohama kaikô shiryôkan, Yokohama, Yokohama kaikô shiryô fukyû kyôkai, 1987 ; *Gaikokujin kameraman ga totta bakumatsu Nihon* (*F. Beato shashinshû* 2), éd. Yokohama kaikô shiryôkan, Tokyo, Akashi shoten, 2006 ; *La leggenda di un impero : Felice Beato e la scuola fotografica di Yokohama alla scoperta del Giappone 1860/1900*, Firenze, Alinari, 1995.

7. Kreitmann note dans son journal au 31 mars 1877, pendant son voyage à Kyôto : « Bibelotation chez un photographe et chez un marchand de porcelaines. »

Fig. 1. – Louis Kreitmann.

« monument » qu'il a édifié est personnel et original. Les photos de sa collection, qu'elles soient ou non de lui, reproduisent ce qu'il a vu de ses yeux. Il ne s'agit pas d'albums composés par un photographe de métier, comme celui du plénipotentiaire italien Raffaele Barbolani[8]. Kreitmann a rédigé lui-même la légende de ses photos, en se trompant parfois d'ailleurs, par exemple en confondant des bâtiments semblables. Il a classé ses photos, et les a collées lui-même sur trois albums, qui sont les mémoires de son séjour au Japon, à côté du journal qu'il a tenu jour après jour, et des lettres très détaillées qu'il envoyait régulièrement à sa

8. Dans les années 1980, Marisa di Russo (une ancienne enseignante d'italien au Japon) a découvert un album de photos dans la collection de Raffaele Barbolani (1818-1900), ministre plénipotentiaire italien au Japon de 1877 à 1881, conservée à Pescara chez une lointaine parente. Cet album a été confectionné par Okadaya Katsunosuke, marchand de photos à Tokyo, et contient 1251 photos. Ce *Dai Nihon zenkoku meisho ichiran* [*Synoptique des lieux célèbres de toutes les régions du Grand Japon*] a fait en 2001 l'objet d'une publication intégrale par Marisa di Russo et Ishiguro Keishô aux éditions Heibonsha à Tokyo.

famille[9]. L'alliance de ces textes et de ces images fait revivre une époque révolue. C'est l'aube du Japon moderne que nous voudrions essayer de scruter à travers les documents rapportés par ce jeune officier français.

Louis Kreitmann est venu au Japon en tant que membre de la deuxième mission militaire française. La France a joué un rôle très important dans la formation de l'armée japonaise moderne. Avant même l'arrivée du commodore Perry en 1853, le pays du Soleil levant avait été menacé par les intérêts occidentaux[10]. On avait appris, avec stupéfaction et crainte, la défaite de la Chine dans la guerre de l'Opium[11], et on savait que le danger se rapprochait de l'archipel. Pour bloquer le retour des bateaux américains[12], le shôgunat Tokugawa entreprit de bâtir onze îles artificielles (*odaiba*) dans la Baie de Tokyo, destinées à recevoir des batteries d'artillerie. Cinq seulement furent construites, à grands frais ; sur une photo (fig. 2), on les devine au large du quartier de Shinagawa. Les deux qui subsistent aujourd'hui ont perdu toute vocation militaire : l'une est aménagée en jardin public, et l'autre en réserve naturelle[13].

Cependant, les Japonais se rendaient compte, surtout après l'échec de leurs tentatives contre les flottes occidentales à Shimonoseki[14],

---

9. Pierre Kreitmann a donné en 1995 une édition hors commerce du journal et des lettres de son grand-père. L'Institut des Hautes Études japonaises prépare actuellement une édition revue et commentée de ces documents, d'après laquelle ils seront cités dans cette communication.

10. En 1803, le tsar Alexandre Ier envoya au Japon Nikolai Rezanov, capitaine de la Compagnie russo-américaine, pour négocier un traité de commerce. Au bout de deux ans, en 1805, un messager du shôgunat apporta la réponse, négative, à Nagasaki où l'attendait Rezanov. Celui-ci, pour se venger, attaqua les exploitations japonaises au Nord du pays (Ezo, Sakhaline et Kouriles). Voir W. G. Beasley, « The Foreign Threat and the Opening of the Ports », in *The Cambridge History of Japan*, vol. 5, *The Nineteenth Century*, M. B. Jansen éd., Cambridge, Cambridge University Press, 1989, p. 265-266.

11. P. Akamatsu, *Meiji – 1868 : Révolution et contre-révolution au Japon*, Paris, Calmann-Lévy, 1968, p. 107-108 ; Matsumoto Ken.ichi, *Kaikoku Ishin 1853-1871* (*Nihon no kindai*, n° 1), Tokyo, Chûôkôronsha, 1998, p. 96-99.

12. Après avoir remis aux représentants du shôgunat une lettre du Président des États-Unis, Perry quitta le Japon, en annonçant son retour l'année suivante pour recevoir la réponse du *shôgun*. Effectivement, la flotte américaine revint en 1854. Voir P. Akamatsu, *op. cit.*, p. 119 sq. ; Ishii Takashi, *Nihon no kaikoku*, Tokyo, Yoshikawa kôbunkan, 1972, p. 45-59 et p. 69-76.

13. Sur les *odaiba*, voir *Tôkyô Edo monogatari : Shitamachi-hen*, Tokyo, Shinchôsha, 2001, p. 307-312.

14. En juin 1863, appliquant l'ordre impérial d'expulsion des étrangers qui vient d'être promulgué, Môri Motonori, le *daimyô* de Chôshû, fait tirer au canon sur un bateau américain dans le détroit de Shimonoseki. Des navires français et hollandais sont ensuite attaqués ; Américains et Français contre-attaquent et détruisent une partie des forts et de l'artillerie. En 1864, les troupes alliées de quatre pays (Angleterre, France, Pays-Bas et USA) exercent des représailles et s'emparent des fortifications. Un traité de paix, signé avec Chôshû, garantit la liberté de circulation des navires étrangers dans le détroit de Shimonoseki. Voir W. G. Beasley, *op. cit.* (n. 10), p. 293-297 ; Matsumoto Ken.ichi, *op. cit.* (n. 11), p. 218-222.

Fig. 2. – Iles artificielles *odaiba*, vues de la gare de Shinagawa (Tokyo).

qu'ils n'étaient pas en mesure de se défendre contre les Occidentaux, beaucoup plus avancés en matière militaire. La constitution d'une armée moderne, puissante et unique, était une nécessité primordiale. « *I no jutsu wo motte i wo seisu.* Nous vaincrons les pays étrangers en maîtrisant la technique étrangère. »[15] Pour y parvenir, le shogunat a demandé l'aide de la Grande-Bretagne et de la France qui se sont finalement partagé les rôles, la première formant la marine et la seconde l'armée de terre[16].

Une première mission française est arrivée au Japon en janvier 1867[17]. C'était sous le régime du shôgunat des Tokugawa. Or, l'année

15. Maxime de Sakuma Shôzan (1811-1864) ; voir Matsumoto Ken.ichi, *op. cit.* (n. 11), p. 99 sq.

16. La Grande-Bretagne hésitait, d'abord, à recevoir favorablement la demande japonaise. De Gray, ministre britannique de la Guerre, écrit à son collègue des Affaires étrangères, John Russell : « Je ne peux m'empêcher de craindre qu'en entraînant ces troupes avec des méthodes européennes, nous ne fassions peut-être que leur enseigner comment nous combattre » (Nat. Arch. U.K., PRO30/22, *Private letter from De Gray to Russell*, 1865.3.24), cité par Hôya Tôru, « Kreitmann et les missions militaires françaises », in *op. cit.* (n. 3), p. 244-246.

17. Sur la première mission française, voir C. Polak, *op. cit.* (n. 4), p. 53-77 : « Comment la France réorganisa l'armée du shôgun ? » ; Shinohara Hiroshi, *Rikugun sôsetsu-shi : Furansu gunji komondan no kage*, Tokyo, Riburopôto, 1989, p. 114-281.

suivante, le pouvoir de cette famille qui avait régné pendant plus de deux siècles et demi a été renversé et le régime impérial restauré[18]. La mission française, qui se trouvait du mauvais côté, a été renvoyée, mais elle devait avoir fait du bon travail puisque le nouveau gouvernement demande aux « instructeurs de ses adversaires de la veille »[19] de coopérer à la formation de l'armée. Une deuxième mission, forte de 16 membres, arrive au Japon en 1872 et formera des centaines de militaires, jusqu'en 1880[20].

Le Japon des années 1876-1878, celles qu'y a passées Kreitmann, est en pleine transition vers un État moderne. Pourtant la ville de Tokyo garde encore l'ancien aspect d'Edo, la capitale des shôguns. Le château est entouré des anciennes résidences des seigneurs féodaux, les *daimyô*, qui devaient se rendre tous les deux ans auprès du pouvoir central. Le peuple habitait principalement à l'est de la ville dans de petites maisons très serrées et collées côte à côte (fig. 3). Le nouveau gouvernement de Meiji semblait vouloir exorciser le souvenir de l'ancien régime en réquisitionnant non seulement le château (devenu palais impérial), mais encore les résidences de *daimyô*, qu'il a transformées pour y installer ministères et services publics[21].

Le quartier général de la mission française (fig. 4) était logé dans une partie de l'ancienne résidence du fief de Hikone (*Ii Kamon no kami*), restaurée à l'occidentale (fig. 5). Sur la photo, on voit quelques membres de la mission, confortablement assis, et des employés indigènes, debout. C'était justement la maison de la famille d'Ii Naosuke[22], principal artisan des traités dont on célèbre aujourd'hui le cent-cinquantième anniversaire.

---

18. Sur le changement de régime, voir P. Akamatsu, *op. cit.* (n. 11), p. 237-333 ; Matsumoto Ken.ichi, *op. cit.* (n. 11), p. 225-355.

19. Le général Descharmes, l'un des membres de la première mission, écrit en 1894 dans les notes préparatoires à ses conférences sur le Japon : « Quoi qu'il en soit, et malgré le peu de temps que la première mission militaire française avait passé au Japon, elle avait laissé des traces sérieuses de ses travaux [...], car après les malheurs de la France en 1870, le gouvernement impérial du Mikado, qui venait de renverser le pouvoir des Taïcouns, n'hésitait pas, en 1872, à demander au gouvernement une seconde mission militaire bien que nos officiers eussent été les instructeurs de ses adversaires de la veille » (C. Polak, *op. cit.* [n. 4], p. 77).

20. La seconde mission militaire est présentée par Hôya Tôru, *op. cit.* (n. 16), p. 246-250 ; Shinohara Hiroshi, *op. cit.* (n. 17), p. 316-397.

21. Sur l'architecture de cette époque au Japon, consulter N. Fiévé, « La ville et l'architecture japonaises en 1876 », *op. cit.* (n. 3), p. 253-265.

22. Ii Naosuke (1815-1860), *daimyô* de Hikone. Nommé *tairô* (grand conseiller du *shôgun*), il imposa Yoshitomi des Tokugawa de Kishû (Wakayama) comme 14e shôgun (sous le nom d'Iemochi). Il conclut les traités de commerce avec cinq pays occidentaux sans l'accord de l'empereur.

Fig. 3. – Quartier Asakusa-bashi et le pont Asakusa-bashi à Tokyo.

Fig. 4. – Porte du quartier général de la Mission militaire française, vue de la Porte Sakurada-mon.

Fig. 5. – Quartier général de la Mission (Kreitmann et ses collègues dans le jardin).

L'École militaire, où Louis Kreitmann donnait son enseignement, a été construite sur le terrain d'une résidence de la branche Owari (Nagoya) des Tokugawa. Le bâtiment central a été dessiné par le capitaine Albert Jourdan, membre des deux missions françaises[23]. On le voit d'abord en construction (fig. 6), puis achevé (fig. 7). Son inauguration eut lieu peu de temps après le départ de Kreitmann[24]. Il est détruit depuis longtemps, mais le grand terrain où il s'élevait garde sa vocation : le ministère de la Défense et le camp Ichigaya des Forces terrestres d'Autodéfense y sont installés[25].

23. A propos du bâtiment de l'École militaire, Kreitmann écrit à ses parents le 19 novembre 1877 : « Pendant la période d'interruption des camps, on a achevé le bâtiment d'administration, dont le capitaine Jourdan a fait les plans, et qui est aujourd'hui un des beaux monuments de Tôkyô. »

24. L'inauguration eut lieu le 10 juin 1878, alors que Kreitmann avait quitté le Japon le 20 mai.

25. L'École militaire a déménagé en 1937 à Zama (département de Kanagawa). Pendant la deuxième guerre mondiale, l'État-major de l'armée y était installé. C'est là qu'eut lieu de 1946 à 1948 le procès international militaire d'Extrême-Orient et que le romancier Mishima Yukio s'est suicidé d'une manière spectaculaire en 1970.

Fig. 6. – École militaire : bâtiment central en construction.

Fig. 7. – École militaire : bâtiment central.

Quant à Kreitmann lui-même, il loge dans une maison « à la japonaise » construite par le gouvernement dans le quartier de Kôji-machi (fig. 8), à mi-chemin du Quartier général de la Mission et de l'École militaire : « la maison (écrit-il) est basse comme toutes les maisons japonaises, et les chambres sont toutes très petites ; les fenêtres ferment peu » (lettre du 5 avril 1876).

Certaines constructions anciennes pouvaient abriter, telles quelles, des services de l'État, comme le ministère de l'Armée de terre (fig. 9)[26] ou ceux de l'Instruction religieuse et de l'Éducation[27], mais la mode était de moderniser les anciennes résidences, en y implantant de nouvelles constructions, comme la très classique caserne de l'infanterie de la Garde impériale, construite sur les plans d'un ingénieur anglais employé par le ministère des Travaux publics, Thomas James Waters (1842- ?) (fig. 10)[28].

Cette tendance à recourir aux modèles de l'architecture occidentale s'accentue de plus en plus dans la construction des édifices publics, comme à Yokohama le conseil municipal (fig. 11)[29] et le bureau de poste (fig. 12)[30], à Ôsaka la préfecture (fig. 13)[31] et l'hôtel des monnaies (fig. 14)[32]. A droite de cette dernière photo, on voit un des rares bâtiments construits à l'époque qui restent debout aujourd'hui : le *Senpukan*, un pavillon de réception. Ces édifices ont été construits par des architectes européens, mais les constructeurs japonais n'ont pas tardé à s'approprier leurs modèles et à créer leur propre style. Ainsi l'édifice de la Première Banque nationale (*Daiichi kokuritsu ginkô*, à Tokyo) (fig. 15), fondée par l'homme d'affaires francophone Shibusawa Eiichi (1840-1931)[33], a été

26. Installé dans l'ancienne résidence de Matsudaira Sagami no kami dans le quartier Yûrakuchô.

27. Installés dans l'ancienne résidence d'un *daimyô* dans le quartier Ôte-machi.

28. Cette caserne, située dans l'ancien secteur Kita no maru du château d'Edo, est caractérisée par l'horloge de la façade centrale. La construction a débuté en 1871 et s'est achevée en 1874 (*op. cit.* [n. 3], p. 171).

29. Ce bâtiment a été construit en 1874 suivant les plans de R. P. Bridgens (1818-1891). Il s'agit d'un édifice en pierre à structure de bois. Détruit par un incendie en 1904, il sera reconstruit selon les plans originaux en 1917 ; cf. *op. cit.* (n. 3), p. 173.

30. Le bâtiment au centre de la photo est le bureau de poste de Yokohama, construit en 1875. On aperçoit à sa gauche le bureau des télécommunications, construit en 1872, et au fond à gauche l'horloge du Conseil municipal ; cf. *op. cit.* (n. 3), p. 173 sq.

31. La Préfecture d'Ôsaka a été construite en 1874 d'après les plans d'un certain Kinder (ou Kinderson), ingénieur occidental travaillant pour l'Hôtel des Monnaies ; voir *op. cit.* (n. 3), p. 183.

32. Le bâtiment, inauguré en 1871, a été dessiné par Thomas James Waters ; voir *op. cit.* (n. 3), p. 183 sq.

33. Voir Cl. Hamon, *Shibusawa Eiichi (1840-1931) – Bâtisseur du capitalisme japonais*, Paris, Maisonneuve & Larose, 2007.

Fig. 8. – Le nouveau logement de Kreitmann à Kôji-machi.

Fig. 9. – Ministère de l'Armée de Terre.

Fig. 10. – Caserne de l'Infanterie de la garde près de Take-bashi.

Fig. 11. – Conseil municipal de Yokohama.

Fig. 12. – Bureau de poste de Yokohama.

Fig. 13. – Préfecture d'Ôsaka.

Fig. 14. – Hôtel des monnaies d'Osaka (à droite, le Senpukan).

Fig. 15. – Première Banque Nationale (Tokyo).

bâti par l'architecte Shimizu Kisuke II (1815-1881) en style « créole » (on dit aussi : néo-occidental), où des formes « à la japonaise » se mêlent à des éléments d'architecture occidentale. La partie droite de l'édifice comporte en façade des vérandas de style colonial, mais l'architecture créole s'exprime dans les toitures inspirées des donjons des châteaux forts japonais, avec un « galbe à la chinoise », *karahafu*, au-dessus du balcon de la façade principale[34].

Au XVIIe siècle, pour protéger le château d'Edo et ses seigneurs, on avait installé un grand sanctuaire sur la colline d'Ueno, située au nord-est : c'est une direction néfaste, dite *kimon*, ou « porte des démons »[35], qu'il s'agissait de barrer. Ce temple tutélaire des *shôgun*, le Kan.eiji[36], était considéré comme « le plus grand temple sous le ciel », avec son vaste terrain et ses nombreux édifices. On voit ici la porte d'accès à un sanctuaire dédié au fondateur de ce temple (fig. 16)[37]. En mai 1868, les partisans de l'Empereur écrasèrent ceux des Tokugawa, qui avaient choisi ce lieu symbolique pour quartier général. Cette Bataille d'Ueno a entraîné la destruction de la plupart des 36 édifices du temple. Le terrain dévasté par les combats a été choisi pour abriter un des premiers jardins publics de Tôkyô (fig. 17)[38], où Kreitmann s'est promené trois jours après son arrivée au Japon[39].

Le premier shôgun des Tokugawa, Ieyasu, avait donné l'ordre d'installer un sanctuaire de l'« apparition circonstancielle » du mont Atago (fig. 18), *Atago-gongen* (qui protège contre le feu)[40], sur la colline la plus haute d'Edo pour mettre la ville à l'abri des incendies. Ce ne fut manifestement pas une protection suffisante, car ce qui a beaucoup frappé

---

34. *Op. cit.* (n. 3), p. 165.

35. « Direction qui est néfaste en permanence et pour tout le monde, parce qu'elle est fondamentalement mauvaise en soi. C'est dans la tradition sino-japonaise, le cas du nord-est *Ushi-tora*, connu sous l'appellation mythique de *Kimon*, "la Porte des Démons" » (B. Frank, *Kata-imi et kata-tagae : Étude sur les interdits de direction à l'époque Heian*, Paris, Collège de France, Institut des Hautes Études japonaises, 1998, p. 49).

36. Le temple a été bâti en 1625 en s'inspirant du modèle du temple Enryakuji au mont Hiei, qui se trouve au nord-est de Kyôto.

37. Il s'agit de Tenkai (1536-1643), dont l'appellation honorifique posthume est Jigen-daishi (Grand maître Jigen). L'édifice du sanctuaire s'appelle donc « Jigendô », ou « Ryôdaishidô » (= édifice des deux Grands maîtres), car l'on y honore le portrait du Jigen-daishi ainsi que celui du Grand maître Jie-daishi (912-985) que Tenkai vénérait particulièrement. Sur Jigen-daishi, on verra B. Frank, *Le panthéon bouddhique au Japon – Collections d'Émile Guimet*, Paris, Réunion des Musées nationaux, 1991, p. 321.

38. Son inauguration officielle a eu lieu le 9 mai 1876.

39. Il note dans son Journal au 10 février 1876 : « Promenade dans Edo avec le capitaine Jourdan. [...] Ueno, lieu de sépulture des anciens *taikun*. C'est actuellement un vaste jardin ; la guerre civile a détruit presque tous les temples ; les restes servent de carrières de pierres... »

40. Sur Atago-gongen, voir B. Frank, *op. cit.* (n. 37), p. 286 sq.

Fig. 16. – Daishidô du temple Kan.eiji à Ueno.

Kreitmann, c'est justement la fréquence des incendies, « les fleurs d'Edo », comme on disait, qui « fleurissaient » surtout en hiver et au début du printemps, saison froide et sèche avec un vent très fort, au cours de laquelle les départs de feu étaient quasi quotidiens[41]. D'après l'enquête d'un historien, Nishiyama Matsunosuke, le quartier des plaisirs de Kyôto, Shimabara, n'a jamais été entièrement brûlé depuis 1624, tandis que celui d'Edo, Yoshiwara, a été incendié 21 fois durant la même période[42]. Des tours de surveillance quadrillaient la ville, et en cas d'alarme on sonnait aussitôt la cloche[43]. Kreitmann, qui au début sursautait à chaque fois, s'était de plus en plus habitué à ce bruit nocturne.

---

41. « Les incendies sont la seule chose que je craigne à Edo ; il y en a presque tous les jours, et dans toutes ces constructions en bois le feu se promène à son aise » (lettre du 5 avril 1876).

42. Nishiyama Matsunosuke, « *Kasai toshi Edo no jittai* », in *Edo chônin no kenkyû*, t. 5, Tokyo, Yoshikawa kôbunkan, 1978, p. 71.

43. « Outre les policemen de service dans les rues et les veilleurs de nuit armés de crécelles qui sont entretenus dans chaque quartier par les habitants, il existe de distance en distance des postes élevés sur de grands échafaudages en bois ; dès qu'ils voient un incendie, ils le signalent en frappant sur une grosse cloche, à coups pressés si le feu est tout près, par groupe de 3 à 2 coups si le feu est loin ; le charivari de toutes ces cloches est bien supérieur à celui du tocsin ; on frappe les 3 coups même pour des incendies distants de 3 kilomètres et il faudrait de la bonne volonté pour dormir quand on a, comme cela m'arrive, un de ces postes à droite et l'autre à gauche de sa maison » (lettre du 30 septembre 1876).

Fig. 17. – Entrée du Parc d'Ueno.

Fig. 18. – Sanctuaire Atago-gongen sur la colline d'Atago.

Le magnifique bâtiment principal du temple Zôjôji[44] dans le quartier de Shiba (fig. 19), non loin du sanctuaire Atago, a été victime d'un incendie en 1873. La photo (fig. 20) montre ce temple dévasté : de grandes pierres du socle de l'édifice se trouvent ça et là au premier plan.

C'est d'ailleurs après un grand incendie en 1872 qu'un urbanisme moderne a été réalisé dans le quartier de Ginza (fig. 21)[45]. Au lieu de maisons en bois traditionnelles, on a construit, pour leur résistance au feu, des bâtiments en brique avec des façades couvertes d'un enduit de plâtre. Et Kreitmann a été le témoin oculaire de la destruction par incendie d'« un des plus jolis et des plus vieux *yashiki* de Tokyo » (fig. 22), le ministère des Affaires étrangères installé dans l'ancienne résidence des Kuroda, seigneurs du fief de Fukuoka. L'incendie a été causé « par une mauvaise disposition de cheminées » par des architectes japonais qui manquaient d'expérience[46]. Un bâtiment à l'occidentale a été construit à sa place par l'architecte anglais d'origine française, Charles de Boinville (1850-1897).

Alors qu'on redoublait d'effort pour introduire l'architecture occidentale, les anciens édifices, notamment les temples bouddhiques, semblaient être négligés par l'autorité publique. Depuis le décret de la « séparation du shintô et du bouddhisme » en 1868[47], suivi du mouvement de persécution du bouddhisme, les temples de cette religion se trouvaient souvent dans un état de délabrement avancé[48]. L'« Ordonnance

44. Le Zôjôji de Shiba, fondé en 1393, se trouvait à l'origine dans le quartier Kôjimachi. Selon le souhait du premier shôgun des Tokugawa, Ieyasu, il devint en 1598 le temple tutélaire des Tokugawa. Il a été transféré à son emplacement actuel à la suite de l'aménagement du château d'Edo en 1598 (*op. cit.* [n. 3], p. 165 sq.).

45. « Une large avenue, avec son trottoir et sa chaussée, une nouveauté pour la ville japonaise, était bordée de cerisiers, d'érables et de pins » (*op. cit.* [n. 3], p. 164). Les travaux ont été effectués sous la direction de Thomas James Waters.

46. « Il paraît que le feu a été occasionné par une mauvaise disposition de cheminées. Les architectes japonais avaient voulu ne prendre conseil que d'eux-mêmes pour installer les cheminées dans les salons de réception, et l'une de ces cheminées était traversée en plein par une vieille poutre, qui n'a pas manqué de s'enflammer la première fois qu'on a chauffé le salon » (lettre du 10 février 1877).

47. Le nouveau gouvernement de Meiji prit le shintô, la religion indigène, pour religion d'État et ordonna la séparation du shintô et du bouddhisme, dont le syncrétisme était profondément enraciné dans le pays.

48. Cet état de choses fut exceptionnellement favorable à deux voyageurs français, dont les musées parisiens d'art extrême-oriental gardent le souvenir : Émile Guimet, qui a pu rassembler au Japon en 1876 une collection très importante de statues de bouddhas, et Henri Cernuschi qui acquit en 1871 dans un temple ruiné de Tokyo un grand bouddha Amida. Voir B. Frank, *op. cit.* (n. 37), p. 29, et Id., *L'intérêt pour les religions japonaises dans la France du* XIX*e siècle et les collections d'Émile Guimet,* Paris, Presses universitaires de France, 1986, p. 21-23 et 41-46.

Fig. 19. – Bâtiment principal du temple Zôjô-ji.

Fig. 20. – « Temple brûlé » : les ruines du bâtiment principal du Zôjô-ji (derrière des ruines, on voit la chapelle de la statue noire du Vénéré principal du temple).

sur la préservation des antiquités et des choses anciennes » (1871) avait eu pour objectif de stopper les destructions d'édifices, statues ou autres œuvres d'art des temples bouddhiques, mais à l'époque où Kreitmann visite le Japon, le pays est encore loin de la « Loi sur la conservation des sanctuaires et temples anciens » (*Koshaji hozon hô*) qui ne fut promulguée qu'à la fin du siècle. Qu'il s'agisse de la pagode de Yasaka, ou de la porte monumentale du Ninnaji (fig. 23), deux temples de Kyoto, on remarque que des étais aident à soutenir les charpentes et les toitures.

Les deux fleurons de l'architecture résidentielle des shôguns Ashikaga à l'époque de Muromachi, que sont à Kyoto le pavillon d'Or (fig. 24)[49] et le pavillon d'Argent, apparaissent dans un piteux état de conservation. Une même impression de désolation se dégage à la vue de l'édifice du Grand bouddha (*Daibutsuden*) du Tôdaiji de Nara (fig. 25) qui, à l'époque, menaçait de s'effondrer[50]. Kreitmann note dans son journal : « Le temple est assez délabré, et les angles, trop lourds, ont dû être étançonnés » (journal du 4 avril 1877).

La modernisation de l'État ne pouvait pas se séparer de l'industrialisation. La France y a coopéré dès l'époque shogunale, et a continué sous le nouveau gouvernement. Léonce Verny (1837-1908) a été envoyé pour la construction de l'arsenal de Yokosuka (fig. 26)[51] ; Paul Brunat (1840-1908?) a travaillé pour la filature de Tomioka qui a démarré en 1872 (fig. 27)[52] ; Henri Pélegrin (1841-1882) a collaboré à la création de l'usine à gaz (fig. 28) qui a permis l'installation, la même année, des premiers becs de gaz du Japon dans les rues de Yokohama[53] (on a

---

49. « Nous avons été visiter hors de la ville le jardin de Kinkakuji, dans une bonzerie autrefois célèbre, mais passablement décatie pour le quart d'heure. Dans le jardin se trouve un étang assez vaste sur les bords duquel on a construit un kiosque en bois à 2 étages qui fait un fort joli effet en peinture et en photo, mais qui en réalité est une vieille baraque avec des planches en bois jadis dorées... » (lettre du 11 juillet 1877).

50. Voir N. Fiévé, *op. cit.* (n. 21), p. 263-264.

51. Voir É. de Touchet, *Quand les Français armaient le Japon : La création de l'arsenal de Yokosuka 1865-1882*, Rennes, Presses universitaires de Rennes, 2003.

52. Voir C. Polak, *op. cit.* (n. 4), p. 122-127 : « Industrie textile, La première filature de soie à Tomioka ». Le correspondant de la *Revue des Deux Mondes*, Georges Bousquet, a ainsi rapporté sa visite de la filature de Tomioka en août 1873 : « Cet établissement est un des plus beaux présents de la France au Japon. L'œuvre de M. Brunat a été non pas seulement d'élever une filature réalisant les dernières améliorations européennes, mais d'appliquer à la fabrication japonaise des modifications tout à fait originales, fondées sur la différence des conditions climatériques, du talent des ouvriers et de la nature de la matière première » (*Le Japon de nos jours et les échelles de l'Extrême-Orient*, Paris, Librairie Hachette, 1877, p. 162). La filature a fonctionné jusqu'en avril 1987. Ses bâtiments sont conservés dans un état presque parfait et classés comme bien culturel important.

53. Voir C. Polak, *op. cit.* (n. 4), p. 128-135 : « Éclairage public, Henri Pélegrin, le maître des lumières ».

Fig. 21. – Nouvelle avenue de Ginza.

Fig. 22. – Ministère des Affaires étrangères (avant l'incendie du 1er février 1877).

Fig. 23. – Porte du temple Ninna-ji à Kyôto.

Fig. 24. – Pavillon d'or du temple Rokuon-ji (Kyôto).

Fig. 25. – Édifice du Grand Bouddha du temple Tôdai-ji (Nara).

Fig. 26. – Vue générale du chantier naval de Yokosuka.

découvert en 2002, sous la cour de l'école primaire Honchô, quelques tuyaux, précieuses reliques d'une industrie dans son enfance[54]).

La vie quotidienne de Kreitmann se partageait entre le Japon moderne et celui de la tradition. Dès son premier jour au Japon, Kreitmann a pris le train, un véritable symbole de la civilisation moderne, de Yokohama à Tokyo (il note : « 55 minutes »), et il a utilisé régulièrement ce moyen de transport, mais à l'époque, il n'y avait en fonction que deux lignes de chemin de fer : celle de Shinbashi à Yokohama, 29 km, et celle de Kôbe à Ôsaka (33 km environ), qui allait être prolongée jusqu'à Kyôto[55]. Officier du génie, il collectionnait généreusement les photos de gares – par exemple l'enceinte de la gare de Kôbe (fig. 29) –, de ponts – comme celui en construction sur la rivière Katsura entre Kyôto et Ôsaka, dû à des ingénieurs anglais (fig. 30) – et aussi de wagons – on en voit en stationnement à la gare de Shinbashi, à Tokyo (fig. 31). Tant pour l'importation des matériaux nécessaires à la mise en place des voies ferrées, que pour les techniques de construction ou l'usage des locomotives, le Japon restait totalement tributaire des pays industrialisés occidentaux, à commencer par l'Angleterre.

Toutefois les transports en commun n'étaient pas encore très développés. Kreitmann allait à son travail à cheval, mais il se déplaçait souvent, même pour de longs voyages, en *jinrikisha*[56], ou pousse-pousse. Sur les fleuves, par précaution, le shôgunat avait restreint la construction des ponts, notamment sur la Sumida à Tokyo. Pour aller se promener à Mukôjima, un lieu d'excursion à la mode, Kreitmann a dû emprunter le fameux Bac de Takeya, qui reliait le sanctuaire Mimeguri (fig. 32) à l'embouchure du canal San.ya (fig. 33). Un écrivain célèbre, Nagai Kafû, a placé cette traversée en bac au début de son roman nostalgique *La Sumida* (1911)[57], qu'il a écrit pour perpétuer l'ancien aspect de la ville en pleine transformation. Et de nos jours, une autoroute passe au bord de la digue de Mukôjima...

---

54. « Kokunai saiko no gasukan », in *Kaikô no hiroba*, n° 76, Yokohama, Yokohama Archives of History, avril 2002.

55. La ligne de Yokohama à Shinbashi (Tokyo) a été inaugurée en 1872 et celle de Kôbe à Ôsaka en 1874 (elle a été prolongée jusqu'à Kyôto en 1877). Sur l'histoire du chemin de fer au Japon, voir Oikawa Yoshinobu, « Le chemin de fer au Japon et les photos de la collection Kreitmann », in *op. cit.* (n. 3), p. 266-272.

56. Une voiture à traction humaine, inventée par Izumi Yôsuke en 1869. Son exploitation commerciale commence à Tokyo en 1870, et elle est très utilisée à l'ère Meiji. Kreitmann écrit dans sa lettre du 8 février 1876 : « En arrivant à Edo, nous nous sommes embarqués dans des *jinrikisha* ; ce sont de petites charrettes à une place, traînées par un ou deux hommes ». Le mot est passé en anglais sous la forme *rickshaw*, en usage dès 1886-1887 d'après l'*Oxford English Dictionary*.

57. Traduction par P. Faure, Paris, Gallimard, 1975 (Connaissance de l'Orient, n° 42).

Fig. 27. – Filature de Tomioka (département de Gunma).

Fig. 28. – Société du gaz de Yokohama.

Fig. 29. – Enceinte de la gare de Kôbe.

Fig. 30. – Pont de chemin de fer sur la rivière Katsura (Kyôto).

Fig. 31. – Un train dans la gare de Shinbashi à Tokyo.

Fig. 32. – L'arrêt du Bac de Takeya à Mukôjima
(sur la gauche, on distingue le pilier indiquant l'arrêt).

Fig. 33. – Imado-bashi (la station du bac doit être à droite de la photo).

Les photos que nous vous avons présentées ne sont pas les plus poétiques de la collection Kreitmann, riche en portraits, en scènes d'intérieur, en paysages éternels, mais elles offrent des documents uniques sur un passé qui s'est vite effacé de la mémoire japonaise. En effet les bâtiments et les installations industrielles, sur lesquels ce polytechnicien portait un regard intéressé et perspicace, ont presque totalement disparu, victimes des tremblements de terre, des bombardements, et plus encore de l'insatiable désir de modernité des Japonais, doublé d'une efficacité qui faisait déjà l'admiration des Occidentaux[58].

Les scènes de la vie militaire, comme la construction d'un pont de bateaux sur la rivière Edo (fig. 34), sont l'exception, mais il est une photo qui a touché le cœur de l'instructeur dévoué qu'était Louis Kreitmann, celle de ses élèves (fig. 35), partis au mars 1877 pour combattre la

58. « A peine est-il [l'incendie] éteint que les Japonais grattent les cendres et reconstruisent en un clin d'œil ; j'ai passé hier sur le théâtre d'un grand *kaji* (incendie) que j'ai vu de très près il n'y a pas quinze jours ; aujourd'hui il n'en reste plus de trace, tout est rebâti » (lettre du 5 avril 1876).

Fig. 34. – Installation d'un pont de bateaux à Ichikawa (département Chiba).

Fig. 35. – Élèves de troisième année de l'École militaire à Kôbe en 1877.

rébellion de Saigô Takamori contre le gouvernement en place[59]. Naturellement, en tant qu'employé étranger il ne pouvait pas intervenir dans cette guerre civile, mais son journal, où il note avec émotion les noms de ses élèves morts ou blessés, fournit un témoignage précieux sur cette dernière révolte de la classe guerrière.

Le séjour de Kreitmann eut un épilogue, après la guerre russo-japonaise. L'armée de terre japonaise avait été réorganisée suivant le modèle prussien[60], mais on se souvenait du rôle fondateur tenu par les Français. En 1909, Kreitmann, alors général, fut décoré de la seconde classe de l'Ordre du Soleil levant, en compagnie de trois autres membres de la deuxième mission militaire. Il vaut la peine de citer le rapport que le ministre des Affaires étrangères, Komura Jutarô, avait adressé à l'Empereur :

> « Les personnels susmentionnés furent employés au Japon entre 1872 et 1880. Ils enseignèrent avec assiduité, à l'époque où notre armée était encore jeune, les techniques militaires occidentales... Plusieurs de nos généraux, qui ont reçu leur bienfaisante influence, ont organisé, après leurs études, le système de notre armée de terre et ont en cela contribué à son développement actuel. Parmi les officiers qui ont participé à la guerre de 1894-95, à la révolte des Boxers en 1900 et à la guerre de 1904-05, nombreux sont ceux qui avaient directement reçu leur enseignement... Nos victoires à l'issue de ces conflits, qui ont rehaussé le prestige de notre pays, sont donc dues à leur enseignement. Leur mérite et le fait qu'ils aient rendu de grands services à nos affaires militaires sont tout à fait manifestes. »[61]

---

59. La « guerre du Sud-Ouest », *Seinan sensô*, est la révolte des guerriers du Kyûshû, en 1877, dirigée par Saigô Takamori. Lors de la crise politique de 1873, celui-ci démissionne de ses postes de conseiller et de commandant de la Garde du Palais impérial et retourne à Kagoshima, où il crée une école privée. L'orientation du régime de Meiji mécontente plusieurs de ceux qui avaient contribué à l'installer, et des révoltes éclatent. La guerre civile du Kyûshû est la plus importante et la dernière. Le gouvernement a réussi à l'emporter ; Saigô et ses généraux ont été tués ou se sont suicidés. Voir Sakamoto Takao, *Meiji kokka no kensetsu 1871-1890* (*Nihon no kindai*, n° 2), Tokyo, Chûô kôronsha, 1998, p. 165-182 et 200-210 ; Stephen Vlastos, « Opposition Movements in Early Meiji, 1868-1885 », in *The Cambridge History of Japan*, vol. 5, p. 382-402.

60. Après le départ de la deuxième mission française en 1880, une troisième mission, composée de quelques membres, a séjourné au Japon de 1884 à 1890. En 1885, un officier allemand, le commandant d'état-major Meckel, arrive au Japon et l'armée de terre japonaise adopte le système militaire prussien. Voir Shinohara Hiroshi, *op. cit.* (n. 17), p. 398-444.

61. Hôya Tôru, *op. cit.* (n. 16), p. 251.

On se réjouit de voir que, trente ans après, les mérites du jeune officier instructeur ont été officiellement reconnus et récompensés, mais on ne peut s'empêcher de penser aux ambitions conquérantes des élèves qui avaient si bien assimilé, voire dépassé, l'enseignement de leurs maîtres[62].

Sekiko MATSUZAKI-PETITMENGIN

62. Nous voudrions en terminant saluer la mémoire de Pierre Kreitmann (décédé en 2003), qui a tant fait pour mettre en valeur les souvenirs japonais de son grand-père, et remercier ceux qui nous ont aidée, à Paris et à Tokyo, en particulier MM. Nicolas Fiévé et Yves Cadot, et les membres de l'Institut d'Historiographie de l'Université de Tokyo, à qui nous devons la numérisation du fonds Kreitmann.

LES ÉTUDES BOUDDHIQUES : UN AXE DURABLE DE LA COOPÉRATION FRANCO-JAPONAISE

A mi-chemin de cette journée de célébration du cent-cinquantième anniversaire de l'établissement des relations diplomatiques et commerciales entre le Japon et la France, ce m'est un agréable devoir de remercier ceux qui ont contribué à l'organisation de cette réunion et ont bien voulu l'honorer de leur présence et de leur participation : tous ceux qui ont pris la parole ce matin et ceux qui la prendront cet après-midi. Je voudrais aussi remercier tout spécialement le Secrétaire général de notre Académie, M. Hervé Danesi, qui a été l'intellect agent permettant de faire passer notre rencontre du plan des idées au monde phénoménal.

Il serait illusoire, dans le peu de temps qui me reste imparti, de tenter ne serait-ce que de résumer l'essentiel du thème que je m'étais proposé de traiter. Je voudrais cependant profiter de la précieuse occasion qui nous est donnée aujourd'hui pour esquisser une sorte de bilan symbolique de ces cent-cinquante ans de relations franco-japonaises dans le domaine des études bouddhiques, qui m'intéresse plus spécialement. Monsieur le Secrétaire perpétuel nous rappelait tout à l'heure que la première mention du Japon faite par un auteur français concernait l'univers religieux de ce pays. On ne sera donc pas surpris de constater que la coopération intellectuelle qui se forma très tôt après l'ouverture du Japon à l'Occident porta quelques-uns de ses plus beaux fruits dans le vaste domaine du bouddhisme.

Cette ouverture ne se fit certes pas dans la sérénité : le Japon ne pouvait que se sentir menacé par la brusquerie avec laquelle elle lui fut imposée par les États-Unis et l'Europe, et ce sentiment de menace venait renforcer, dans les milieux bouddhiques, une remise en question qui était allée grandissant tout au long de l'époque d'Edo, pour atteindre la dimension d'une crise peu de temps après la Restauration de Meiji. Il se pourrait fort, et des indices assez probants plaident en ce sens, qu'il faille aller chercher dans la transmission du christianisme au Japon au XVIe siècle et dans le violent rejet qu'il provoqua de la part du pouvoir et des penseurs politiques au XVIIe siècle les causes premières de cette crise. Car en prenant conscience du danger que représentait à leurs yeux l'intrusion dans l'Empire d'une religion étrangère qui entendait apporter une morale, une vision du monde, une métaphysique et une théologie si radicalement différentes de ce qui depuis des siècles constituait l'univers japonais, bon nombre de ces penseurs se rappelèrent que le bouddhisme aussi, après tout, était une doctrine venue d'ailleurs, née dans l'Inde lointaine et profondément remaniée en Chine, d'où les Japonais avaient peu à peu rapporté, à mesure qu'il s'élaborait, l'immense corpus scripturaire conservé tel quel en langue chinoise, sans qu'il y eût jamais de tentative de traduction d'ensemble en japonais. La séparation des deux langues écrites, la chinoise et la japonaise, avec la première qui notait les écritures bouddhiques, les commentaires écrits par les religieux chinois, puis japonais, lesquels se servaient de cette langue comme nos clercs médiévaux du latin, et la seconde utilisée pour la riche littérature de contes édifiants, de sermons, de poésie, aurait sans doute pu conduire à un conflit tel qu'on en connut à l'époque où les littératures nationales européennes s'élaboraient, la langue autochtone visant à supplanter la langue allogène. Cela ne s'était pas produit, essentiellement grâce à l'équilibre qui s'était habilement constitué au cours des siècles entre les deux dimensions de la religiosité japonaise : les divinités japonaises en étaient venues à être considérées comme des émanations à usage local, pour ainsi dire, des grands bouddhas et bodhisattvas qui demeuraient en des plans d'existence inconcevables. La langue japonaise elle-même assurait un rôle salvifique aussi grand que la méditation bouddhique de par son emploi dans la poésie, qui représentait une voie de libération. Grâce à ces idées regroupées sous l'appellation de « traces descendues d'une base originelle », les traces étant les dieux japonais et la base originelle les bouddhas et bodhisattvas indiens, le sentiment d'aliénation qu'aurait pu susciter l'adhésion aux doctrines bouddhiques s'était estompé, malgré les indéniables résistances que l'on avait vues au tout début de leur arrivée dans l'archipel.

Toute cette belle construction commence à être ébranlée avec la réaction anti-chrétienne du XVIIe siècle, qui devient finalement une réaction anti-bouddhique. En voulant élaborer une idéologie de la « japonité », les tenants de ce que l'on a appelé les « études nationales » commencèrent à éliminer tout ce qui était héritage manifeste des cultures continentales, qu'elles fussent chinoise ou indienne, pour faire ressortir en une pureté entièrement reconstituée des traditions révélatrices de l'essence nationale. Tout ne fut pas négatif dans ce mouvement : la philologie y gagna certainement beaucoup, car les plus grands érudits s'appliquèrent à remettre à l'honneur les plus anciens monuments de la langue japonaise, consignés dans une forme d'écriture chinoise dont on s'évertua à restaurer les antiques lectures. Tous les linguistes modernes travaillent sur les matériaux patiemment mis à notre disposition par ces savants et l'on doit au moins leur reconnaître ce mérite.

Mais le bouddhisme japonais subit des assauts répétés qui, à la longue, finirent par se faire sentir. Je ne prétendrai certes pas qu'intellectuellement, le bouddhisme de la fin d'Edo était en décadence : il profita au contraire pleinement de la grande vague d'érudition qui marque toute l'époque, dans les « études nationales » comme dans les études chinoises. On trouve chez les grands religieux d'alors un appétit encyclopédique qui se déploie dans l'étude des textes, des doctrines, de l'histoire et j'avoue m'être demandé plus d'une fois jusqu'où seraient allées la recherche et la réflexion menées par ces moines si la rencontre avec l'Occident n'était venue bouleverser tous les paramètres.

Car l'ouverture du Japon fut tout d'abord une catastrophe pour le bouddhisme de l'archipel. Elle provoqua la confluence de forces hétérogènes, voire antagonistes, qui cependant se rencontrèrent pour affaiblir ce qui avait été pendant treize siècles la colonne et le soutien de la vision du monde japonaise et faillirent le mettre à bas, si l'intrusion qui le menaçait n'avait en même temps apporté les germes de sa restauration.

En cette seconde moitié du XIXe siècle, en effet, l'Occident, qu'il soit européen ou américain, signifiait aussi « chrétienté » en Extrême-Orient ; dans l'examen de conscience national qui caractérisa la réaction des milieux politiques et intellectuels japonais à l'entrée en force des Puissances, certains en vinrent à considérer que le christianisme était un élément fondamental dans la constitution de la supériorité scientifique et technique de l'Ouest, laquelle était bien sûr à la base de leur prépondérance politique, voire impérialiste ; ce raisonnement semblait d'autant mieux fondé que la liberté d'activité des missionnaires occidentaux au Japon était l'une des exigences occidentales ; les premiers arrivèrent d'ailleurs dans les ports désormais ouverts dès l'année 1859. Il n'y avait qu'un pas à faire pour estimer que la conversion au christianisme, protestant de préférence, et l'adoption de la langue anglaise étaient les étapes indispensables qui permettraient au Japon d'accéder rapidement et sur un pied d'égalité au concert des nations. On vit de très bons esprits soutenir cette idée ; certains d'entre eux n'étaient pas même chrétiens, mais ils entendaient renouveler le pari de Pascal dans le domaine politique. Si d'autres voulaient lier l'avenir du Japon au confucianisme, et surtout au shintoïsme, qui allait au mieux bénéficier de la rencontre du mouvement essentialiste d'Edo et des conceptions occidentales sur l'État et la religion d'État, on peut dire que la plupart s'accordaient à voir dans le bouddhisme traditionnel l'origine de tous les maux du Japon. Il est piquant, si l'on me permet ce rapide aparté, de voir de nos jours, à l'âge des « études culturelles », « post-coloniales » et « post-modernistes », ressurgir au Japon et hors du Japon un courant universitaire qui reprend cette attitude critique en l'ajustant aux nouvelles préoccupations à la mode.

Mais, pour revenir à l'époque qui nous retient aujourd'hui, la réaction anti-bouddhique qui couvait de longue date fut d'une singulière efficacité, puisqu'elle mena à ce que mon confrère et ami Allan Grapard n'hésita pas à qualifier de « révolution culturelle japonaise », la vague de fond du mouvement dit « Abolir le Bouddha, détruire Çâkyamuni » qui sévit environ de 1868 à 1873 et faillit bien mener à la relégation du bouddhisme aux marges de la société. L'un des résultats les plus durables en fut la séparation forcée d'avec le shintô, un shintô artificiellement purifié et arraché à sa séculaire symbiose avec la religion dorénavant stigmatisée comme étrangère. Nous ne pouvons nous y arrêter ici.

Notre Président Jean-François Jarrige nous a décrit tout à l'heure comment le malheur du bouddhisme japonais a fait le bonheur du musée d'Émile Guimet et comment nombre d'œuvres d'art bouddhiques japonaises, délaissées en leur lieu de naissance, ont été dispersées dans le monde occidental. Voyons comment il a su se rétablir et retrouver une légitimité.

Le XIXe siècle vit, on le sait, la constitution en Europe des études bouddhiques fondées sur la rigueur qui s'était imposée à partir de la Renaissance dans la philologie gréco-latine. L'un des plus grands noms de cette « Renaissance orientale » dont parla Raymond Schwab fut certainement Eugène Burnouf, dont le livre encore le plus lu, sa traduction du *Lotus de la Bonne Loi*, parut en 1852, l'année même de sa mort. La philologie bouddhique qui naquit tout armée de l'œuvre de Burnouf était bien évidemment, si l'on se place dans la perspective de cette époque, indo-centrique. La maîtrise de la plupart des langues anciennes du bouddhisme indien, le sanscrit, le pâli, les pracrits, ainsi que des grandes langues auxiliaires qu'étaient le tibétain et le siamois, n'avait pour lui qu'un but : retrouver l'état le plus ancien du message du Bouddha auquel la tradition écrite permît d'accéder.

Or cet idéal de pureté philologique, en harmonie avec l'esprit scientiste qui venait à dominer l'Europe, n'était pas sans résonner profondément avec de très anciennes aspirations du bouddhisme japonais. Bien que l'étude y fût fondée sur la version chinoise des écritures, on n'avait jamais perdu de vue que les textes originaux avaient été rédigés dans la « langue brahmique », la langue de l'Inde, généralement tenue pour être le sanscrit. A la différence du bouddhisme chinois, celui de l'archipel avait scrupuleusement maintenu la connaissance de l'écriture « brahmique », l'alphabet dit *siddham*, venu en droite ligne de l'Inde et utilisé essentiellement pour son caractère symbolique et ésotérique ; on avait conservé précieusement dans le canon bouddhique les quelques lexiques et glossaires sancrits-chinois rédigés en Chine et abondamment étudiés dans le Japon médiéval. Mieux encore, certains temples avaient préservé quelques manuscrits sanscrits de textes bouddhiques importants. Au long des siècles, il s'était toujours trouvé des moines japonais qui avaient rêvé de marcher sur les traces des grands pèlerins chinois comme Faxian vers l'an 400 ou Xuanzang au VIIe siècle et traverser la Chine vers le lointain Occident pour y aller « chercher la Loi ». Ces tentatives furent toutes malheureuses, mais la grande vague d'érudition de l'époque d'Edo avait aussi profité à ces études indiennes : le moine Onkô (Jiun-sonja), mort en 1804, avait rassemblé en un ouvrage gigantesque comprenant mille livres tout ce qu'il avait pu trouver dans les bibliothèques japonaises concernant la « science brahmique ». Son œuvre marquait le point ultime où l'érudition sanscritiste autochtone pût parvenir sans un nouvel apport de l'étranger.

Les penseurs « nationalistes » ou confucianistes de l'époque d'Edo ne se privaient pas de rappeler dans leurs critiques du bouddhisme que celui-ci avait d'abord été transmis en langue indienne ; les Japonais ne disposaient que de traductions chinoises dont on pouvait raisonnablement mettre en doute la fidélité. Avec l'ouverture du Japon, les moines les plus érudits et les plus audacieux virent enfin se réaliser la possibilité d'aller chercher la Loi à l'ouest. Mais il s'agissait cette fois d'aller beaucoup plus à l'ouest que l'Inde.

Nul doute que si Burnouf était mort plus tard, c'est vers Paris que se fussent dirigés ces « chercheurs du Dharma » d'un nouveau genre, mais lorsque les milieux bouddhiques purent retrouver la stabilité après la tempête qu'ils venaient d'essuyer, le phare de l'indianisme n'était plus, pour quelque temps, Paris, mais Oxford, où le grand sanscritiste allemand Friedrich Max Müller (1823-1900), élève de Bopp, Schelling et Burnouf, enseignait depuis 1847. C'est donc à Oxford que se rendirent en 1878 deux jeunes moines japonais de l'école dite Authentique de la Terre Pure (Jôdo-shin-shû), Nanjô Bun.yû (1849-1927) et Kasahara Kenju (1852-1883). Si le second mourut trop tôt pour donner plus que de brefs textes qui laissaient entrevoir un esprit profondément religieux, le premier eut de longues années pour déployer ses capacités d'érudit et d'organisateur. Mais que venaient chercher en Occident Nanjô Bun.yû et tous ceux qui le suivirent ? En étudiant la langue sanscrite avec de plus sûres méthodes philologiques, ils réalisaient au moins deux buts : ils revenaient au Japon riches d'une science nouvelle qui leur conférait une nouvelle légitimité dans le monde scientifique qui se développait alors ; un sanscritisant était pour ainsi dire l'équivalent d'un ingénieur des chemins de fer, un personnage naguère inconnu dans l'ancienne société. En assumant pleinement le caractère étranger du bouddhisme et en concentrant leurs efforts sur les textes des origines, ils échappaient aux critiques de secondarité qu'on avait infligées au clergé japonais et cette nouvelle discipline avait l'attrait de la modernité : il s'agissait véritablement de la découverte d'un nouveau bouddhisme. Ainsi, ce voyage en Occident menait à la fois à la constitution des études bouddhiques comme discipline académique de plein droit et à un renouveau de la religion bouddhique au Japon.

Mais cette translation du savoir fut aussi, pour ces moines japonais, l'occasion de découvrir qu'ils possédaient eux-mêmes un trésor qu'il ne fallait pas perdre. En effet, le grand savant indianiste qu'était Max Müller, et avant lui son maître Eugène Burnouf, ignorait la langue chinoise ; le sinologue français Stanislas Julien, dans des travaux publiés dans les années cinquante et soixante du XIXe siècle, avait déjà attiré l'attention, après Abel-Rémusat, sur l'importance des sources chinoises pour l'étude du bouddhisme. Les religieux japonais de Meiji étaient les héritiers directs de la scolastique japonaise traditionnelle, qui avaient mené aussi loin qu'il était possible selon les méthodes anciennes l'étude du canon bouddhique chinois. Ce canon renfermait littéralement des centaines de sûtras dont on avait perdu la trace dans les langues de l'Inde ; si nous nous en tenons aux textes sanscrits du Grand Véhicule, les neuf sûtras conservés au Népal et transmis à Londres puis à Paris étaient une goutte dans l'océan des Écritures. Certes, il y avait le canon tibétain, dont le Hongrois Csoma de Körös avait dressé le catalogue dès 1836, mais les versions chinoises étaient incomparablement plus anciennes. Nanjô Bun.yû, de façon exemplaire, comprit tout le parti qu'il pouvait tirer de la double formation qu'il avait acquise. Il publia en 1883 à Oxford son *Catalogue of the Chinese Translation of the Buddhist Tripiṭaka*, ouvrage bien dépassé aujourd'hui, mais qui resta longtemps la référence de tous les spécialistes des études bouddhiques : il mettait à la disposition des philologues occidentaux les ressources du canon chinois et permettait aux érudits japonais de se resituer dans l'ensemble de la tradition bouddhique.

En 1890, c'est un jeune laïc, mais fervent bouddhiste, Takakusu Junjirô (1866-1945) qui arrive auprès de Max Müller à Oxford. Il étudie plusieurs années auprès du maître, rentre au Japon en 1897 et y devient la figure de proue des études bouddhiques universitaires. Il fut, avec Watanabe Kaigyoku et Ono Genmyô, l'âme de la grande entreprise d'érudition que fut le *Canon bouddhique révisé de l'ère Taishô (Taishô shinshû daizôkyô)*, publié de 1924 à 1935, qui demeure encore l'instrument de travail fondamental de tous ceux qui s'occupent du bouddhisme extrême-oriental.

Ainsi, l'ouverture du Japon permit de donner au bouddhisme japonais un visage qui demeure encore parfaitement singulier en Asie orientale ; resté fidèle à ses traditions sur le plan de la pratique et des lignées d'appartenance, il acquit une nouvelle légitimité en tant que discipline académique, alors même que les recherches étaient le plus souvent menées par ce que nous appellerions des membres du clergé. Le cursus des facultés d'études bouddhiques, qu'elles appartiennent à des universités confessionnelles ou laïques, insistait sur la triple formation en sanscrit, tibétain et chinois, menant à l'apparition d'une pléthore de spécialistes dont les activités bien coordonnées menèrent à quelques-uns des plus beaux résultats dans le domaine.

Les possibilités inouïes offertes par ce monde bouddhique rénové n'échappèrent pas au grand Sylvain Lévi (1863-1935) : pendant son séjour de 1927 et 1928 à la Maison franco-japonaise de Tôkyô, qu'il avait œuvré à créer, il élabora avec Takakusu Junjirô, qu'il avait déjà rencontré à Paris, le vaste projet du *Hôbôgirin – Dictionnaire encyclopédique du bouddhisme d'après les sources chinoises et japonaises*, qui entendait mettre à la disposition des indianistes et bouddhologues européens le trésor des textes du canon chinois. Je ne reviendrai pas ici sur l'histoire et l'avenir de ce vaste projet, que j'ai déjà eu l'honneur d'évoquer ici-même il y a trois ans ; qu'il me soit simplement permis de dire en conclusion que les études bouddhiques japonaises, si elles ont considérablement changé dans les récentes années en leurs orientations, continuent de maintenir un équilibre enviable entre les méthodes philologiques et historiques les plus rigoureuses et des approches plus sensibles aux nouvelles préoccupations de la recherche. Le japonais demeure sans contexte une langue de travail indispensable aux spécialistes du bouddhisme ; le français venait naguère immédiatement après lui, le précédait même parfois.

Nous n'oublierons pas en effet qu'à travers la langue française, ce n'était pas seulement notre pays, mais toute l'Europe francophone qui a participé à cette grande œuvre : nous citerons les grands savants belges Louis de La Vallée-Poussin (1869-1937) et Étienne Lamotte (1903-1983), les suisses Paul Demiéville (1894-1979) et Jacques May (1927-), dont les travaux sont mondialement connus, en rappelant que les deux derniers ont longuement résidé au Japon. Si nous mettons à part Paul Demiéville, illustre sinologue qui s'attacha à l'étude du bouddhisme tel qu'il s'était développé dans le monde chinois en inversant, pour ainsi dire, le point de vue indianiste et en déplaçant le centre de gravité vers la Chine, les trois autres savants, foncièrement indianistes, ajoutèrent la connaissance du chinois à leur bagage philologique et se retrouvaient ainsi de plain-pied avec leurs collègues japonais. Ils suivaient en cela l'exemple que ceux-ci leur avaient montré tout en réalisant l'idéal que visaient les grands sinologues du XIXe siècle qui avaient courageusement abordé l'étude du bouddhisme, Jean-Pierre Abel-Rémusat (1788-1832) et Stanislas Julien (1797-1873) cités plus haut.

L'enrichissement qu'apportèrent ces relations poursuivies tout au long du XXe siècle ne concerne pas seulement le domaine de l'histoire et de la philologie. Je voudrais évoquer ici l'exemple impressionnant d'un dialogue pour ainsi dire différé entre de grands savants qui ont tant fait progresser les études en ce domaine. L'année 1961 vit en effet la publication au Japon d'un ouvrage qui rencontra un grand succès parmi les étudiants ; il s'agissait des *Prolégomènes aux études bouddhiques*[1], œuvre de quatre spécialistes de l'Université bouddhique d'Ôtani à Kyôto : Yamaguchi Susumu (1895-1976), Ôchô Enichi (1906-1995), Andô Toshio (1909-1973), Funabashi Issai (1909-2000). La page de garde portait en exergue la reproduction de quatre lignes en français tirées d'une lettre manuscrite d'Étienne Lamotte : « Devant ces travaux d'une parfaite objectivité scientifique, je ne pouvais m'empêcher de me demander : "Quelles sont donc les idées personnelles d'un homme qui a consacré toute sa vie à l'étude du bouddhisme ?" » Ce passage est traduit en japonais dans la préface rédigée collectivement par les auteurs et s'insère dans le contexte suivant :

> « Il convient en tout cas de remarquer le changement qui a eu lieu dans les méthodes de recherche. Grâce à la fertilisation progressive exercée en ce domaine par des méthodes et une attitude nouvelles qui sont le produit de l'esprit critique rationnel d'abord manifesté dans la critique des sources, les études bouddhiques ont connu une vaste renaissance en tant que science tout à fait nouvelle. Sans même parler des cent fleurs qui s'épanouissent au Japon à l'occasion des conférences de synthèse dans notre discipline, il mérite d'être remarqué, ainsi qu'en font foi les notices de la *Bibliographie bouddhique* dirigée par le professeur Marcelle Lalou de l'Université de Paris, que les études bouddhiques se développent à l'étranger dans des proportions incomparables avec la période d'avant-guerre, ce qui illustre bien dans les deux cas l'essor pris par la bouddhologie. »

La remarque d'Étienne Lamotte est alors citée et accompagnée de ce commentaire :

> « Par ces lignes nous est posée la question de savoir si, quels que puissent être les brillants développements de la recherche critique rationnelle, on peut se contenter d'une situation de désert où rien n'apparaît de la pensée du chercheur en tant que bouddhiste. Pour le professeur Lamotte qui, en tant que prêtre catholique, se livre à l'étude critique et rationnelle du bouddhisme, il y avait certainement un intérêt profond à savoir ce que pouvait penser un bouddhiste quand il se livrait en tant que tel à l'étude critique et rationnelle du bouddhisme. Mais il est naturel que ce soit une question urgente non seulement pour le professeur Lamotte, mais pour tous ceux qui s'intéressent à ce cas. »

---

1. *Bukkyô-gaku josetsu,* éditions Heiraku-ji shoten, Kyôto.

C'est à partir de cette réflexion d'un spécialiste francophone que les quatre savants, qui comptaient parmi les meilleurs connaisseurs du bouddhisme chacun dans son domaine, entreprirent de rédiger cet ouvrage de plus de quatre cents pages dans lequel ils présentaient le bouddhisme comme religion vécue, tout en tenant compte des résultats de la recherche « critique et rationnelle ». Ce faisant, ils n'abandonnaient certes pas une attitude qu'ils voulaient rigoureusement lucides, mais s'efforçaient de placer le bouddhisme, dont ils se réclamaient, dans le cadre de l'histoire des religions, au lieu de le laisser au statut d'objet de la science historique et philologique.

Près de cinquante ans ont passé depuis la parution de ce livre présenté par des savants et bouddhistes japonais comme la réponse à une question personnelle posée par un prêtre belge spécialiste de leur religion ; au cours de ce demi-siècle, on l'imagine aisément, les études bouddhiques ont connu une profonde évolution, au Japon comme en Occident. Elles ont même connu une sorte de crise de conscience attisée par la vague critique qui prolongea, de façon fort indue à notre avis, l'élaboration de « l'orientalisme », en tant que cible d'une offensive dont les motivations politiques bien plus qu'épistémologiques sont devenues manifestes avec le passage du temps et les réponses qu'elles ont suscitées. Le caractère novateur qu'avait la publication d'alors dans la conscience même de ses auteurs s'est certes estompée, mais les vicissitudes auxquelles nous venons de faire allusion, avec le mouvement de retour qui suit naturellement les grandes crises, mettent en valeur sa pertinence. Si la méthode critique historique et philologique a été la cible d'acerbes attaques qui voulaient y voir une « stérile accumulation du savoir », ce n'est pas se laisser aller à un optimisme irresponsable que d'estimer qu'elle en est ressortie indemne. Au contraire, même, le développement de nouvelles techniques de travail sur les textes, matérielles et informatiques, des découvertes aussi inattendues que celles des versions sanscrites originales de sûtras et de traités, de grandes enquêtes au Japon même qui ont mis en évidence l'intérêt de fonds et de domaines jusqu'alors négligés, tout cela permet au monde scientifique japonais de donner toute sa mesure dans la poursuite des études bouddhiques. Et chose étonnante, on ne peut que constater que l'observation faite par Étienne Lamotte garde toute sa pertinence : une majorité de chercheurs japonais sur le bouddhisme appartiennent à la communauté bouddhique ou travaillent dans le cadre d'universités que l'on pourrait appeler confessionnelles, sans que cela influence de manière manifeste ou inopportune la qualité de leurs études ou rendent celles-ci inutilisables pour leurs collègues occidentaux. On pourrait même prétendre que ce serait plutôt l'inverse qu'il faudrait redouter, tant certaines recherches, anglo-saxonnes notamment, sont marquées par des préoccupations que le temps qui passe rend caduques à vue d'œil.

Mais si ce trait met en lumière l'originalité des « bouddhologues » japonais en comparaison de ce que font leurs interlocuteurs occidentaux, il n'en révèle pas moins aussi la différence foncière qui existe entre la communauté bouddhique japonaise et celle des autres pays sinisés de l'Extrême-Orient : la Chine (avec Taiwan), la Corée et le Viêtnam. En regard du clergé bouddhique de ces pays, le japonais apparaît singulièrement sécularisé, au point que le dialogue entre les religieux japonais et leurs confrères d'autres traditions peut parfois être difficile, tant les premiers ont intégré les résultats de la recherche historique et philologique dans leur vision et leur intelligence du bouddhisme. On pourrait presque évoquer à ce sujet le fossé qui existait naguère entre les savants protestants et catholiques à propos de la constitution de la Bible ou de l'histoire de Jésus. Mais là encore, le caractère paradoxal de ce « bouddhisme académique » que l'on peut voir comme propre au Japon n'est pas resté sans fruit : comme pour ce qui s'est passé dans le monde de l'industrie et de l'économie, la reconnaissance internationale de la qualité de la recherche bouddhique japonaise a produit un effet d'émulation très net qui s'est d'abord observé, selon nous, en Corée du Sud, puis à Taiwan, en Chine populaire, et maintenant sans doute au Viêtnam. Dans le cas de la Corée, notamment, on pourrait mettre en lumière un remarquable parallélisme dans le développement méthodologique, avec entre autres le rôle des grandes universités bouddhiques, qui s'accompagne pourtant d'une nette distanciation dans la vie religieuse. On voit la même chose en Chine insulaire et continentale, où l'on relèvera la grande entreprise de traduction en chinois des recherches bouddhiques japonaises et le rôle décisif qu'elles ont eu dans la floraison actuelle. Ces retombées somme toute récentes, qui se sont vues dans les vingt ou trente dernières années, sont la conséquence directe de la rencontre entre le Japon et la France que nous avons tenté d'esquisser.

De Burnouf à Max Müller, de Sylvain Lévi à Takakusu Junjirô, l'étude du bouddhisme fut le terrain surprenant d'une profonde coopération intellectuelle entre le Japon et l'Europe, et plus étroitement avec la France. Il faut faire en sorte qu'il le demeure.

Jean-Noël Robert

JAPONISME ET BOUDDHISME : DES FRÈRES GONCOURT À PAUL CLAUDEL

Permettez-moi tout d'abord de remercier l'Académie des Inscriptions et Belles-Lettres de m'avoir convié à m'exprimer à l'occasion de cette journée marquant le cent-cinquantième anniversaire de l'établissement des relations diplomatiques entre la France et le Japon.

Le XIXe siècle et le XXe siècle en sa première moitié furent des périodes importantes, pour de nombreux artistes français de grand talent partis sur les chemins du monde, désormais mieux desservis, à la découverte de pays étrangers et lointains, bien souvent admirés avant que d'être connus. Ces distantes contrées possédaient une image qui, fût-elle déformée, agissait sur leurs facultés créatrices à la manière d'un aiguillon et exerçait sur leurs sens en alerte un attrait non moins grand. Fors l'*anglomanie* ancienne et l'*égyptomanie* (mot non lexicalisé), dont la vogue donna à nos lettres des pages pleines d'allégresse et à nos arts de neuves réussites, trois autres exemples de familles de mots, d'exotismes de dictionnaire, de périples de lexicographe me sont venus à l'esprit.

Le premier s'avère presque trop connu pour qu'on le signale. C'est le mot *chinoiserie* qui renvoie à un objet venu de Chine ou dans le goût chinois, puis, je me retiens de dire par extension, une complication inutile et extravagante, notamment administrative. Cette tendance prêtée à l'objet chinois, mais également aux déjà célèbres « mandarins », donna naissance au verbe *chinoiser*. La seconde famille de mots, presque calquée sur la première, commence avec le mot *japonaiserie*, qui piquera davantage notre curiosité étant donné le thème de la journée d'aujourd'hui. Il remonte, semble-t-il, à 1850 et renvoie, à l'instar du premier exemple, à un objet d'art venu du Japon ou inspiré du style de ce pays ; puis à une connaissance des « choses japonaises ». Le substantif *japonisme* s'applique à une passion pour tout ce qui vient du Japon, en particulier pour les arts de ce pays et, surtout, il désigne une influence de ceux-ci chez un artiste. Le verbe *japoniser* renvoie quant à lui à une prédilection pour les choses nipponnes et à la recherche d'objets japonais. La notion d'administration tracassière, vous le noterez a disparu. Ces vocables doivent être mis en parallèle avec la formation des premières collections d'art nippon en France. Pour être plus précis, le *japonisant* se contente de collectionner les objets d'art du Japon ou de les étudier tandis que le *japoniste* applique les principes de l'art japonais pour créer des œuvres en Occident. La troisième famille, enfin, nous rapprochera de nos frontières géographiques. Elle apparaît avec le mot *espagnolade* ; nom féminin utilisé à propos d'une œuvre artistique ou littéraire représentant l'Espagne sous un jour inexact, controuvé, pour le moins éloigné de sa « réalité profonde ». Ce mot n'est en rien un synonyme d'*espagnolisme* qui, au contraire, signale une tendance à être favorable aux « choses ibériques », ou à faire montre sinon parade de certaines caractéristiques censées être le propre des Espagnols. On le retrouve aussi bien chez les amateurs de *cante* que de *toros*, chez certains fumeurs de cigare et autres amateurs de cheveux calamistrés lors des férias françaises. Le verbe *espagnoliser* exprime le fait de rendre quelque chose espagnol, du moins de s'en rapprocher.

Vous noterez que, bien souvent, le mot *japonaiserie*, en l'absence du néologisme « japonnade » peut très bien renvoyer aux descriptions défavorables ou tout simplement fausses des réalités du Japon ; ce genre littéraire a connu depuis longtemps les faveurs du public, et il semble hélas promis à une longue postérité. Je m'abstiendrai, par pudeur et par charité, de donner des exemples trop récents. On doit le mettre en rapport avec certaines crises aigües de *japonaiserie* connues plaisamment par le mot de *japoniaiserie* imaginé par Champfleury en 1872. Celles-ci attaquent à intervalles réguliers des Occidentaux dont on peut affirmer d'un air entendu qu'ils se sont « tatamisés » selon le jargon tapissier et très en vigueur. Dans la pièce de Dumas fils, *Francillon*, l'un des personnages ayant demandé pourquoi une salade s'appelle « salade japonaise », un autre de lui répondre : « Pour ce qu'elle ait un nom ; tout est japonais maintenant. »

Les deux exemples sur lesquels je viens d'insister – japonais et ibériques – ne sont pas innocents. En effet, l'année 2008 est une année anniversaire à plus d'un titre. Nous célébrons aujourd'hui les relations diplomatiques entre la France et le Japon qui ont cent cinquante ans : les fameux « Traités inégaux » connus également sous le nom de « Traités provisoires de l'ère Ansei » (*Ansei no kari jōyaku*) ; le mot *kari* en japonais classique ayant pour sens « éphémère » ou « transitoire ». L'exposition universelle de Paris de 1878 fête cette année ses cent trente ans. C'est elle qui introduisit véritablement l'art du Japon auprès de millions de personnes, consacra Edmond de Goncourt en spécialiste du Japon ainsi que Philipppe Burty ; ce dernier, on le sait, inventa le mot *japonisme* en mai 1872 dans un article portant ce nom de *La Renaissance artistique et littéraire*.

Est-ce un hasard de la Providence : cette année 2008 marque aussi le bicentenaire du *Dos de Mayo* et d'une relation particulière entre la France et l'Espagne qui, elle aussi, demeure à bien des égards étonnante et parfois détonante. Joseph Bonaparte (1768-1844) ne fut pas qu'un roi honni, ni l'Escorial un site enchanteur. Au moins pour se faire une idée dispose-t-on du récent livre de Jean-Frédéric Schaub : *La France espagnole*[1]. Son putatif camarade de rayonnage, *La France japonaise*, reste à écrire. Aux sollicitations de l'incongru, aux fortuites associations les grands esprits ne se dérobent pas. L'une des pièces de résistance de l'œuvre théâtral de Paul Claudel, *Le Soulier de Satin*, conjugue *espagnolade* et *japonaiserie* et unit ces deux passions (dans tous les sens du terme) de manière surprenante à des fins autant dramatiques qu'apologétiques. Doña Prouhèze et les vaines prouesses de Rodrigue pour la conquérir se heurtent à cette déclaration du personnage appelé « Le Japonais » :

> « Bon gré, mal gré, parmi nous, il vous a fallu quelque temps apprendre le repos et l'immobilité. »[2]

Une manière de constater que les calendriers font parfois bien les choses et que deux *anniversaires* se peuvent célébrer en même temps serait à chercher dans l'œuvre de Théophile Gautier. Voici peu, Florence Delay soulignait l'influence que *Le capitaine Fracasse* exerça sur sa vocation de scène et de plume, sur sa découverte de l'Espagne et de sa langue. Son ouvrage, *Mon Espagne, Or et Ciel*, forme un itinéraire spirituel et littéraire, personnel et politique sous le modèle des « histoires connectées » dont on peu regretter l'absence en *langue françoise*. Je voudrais joindre ma voix à la sienne et commencer par un court extrait du texte dans lequel l'auteur nous parle du chat Béelzébuth :

> « Ses oreilles avaient été coupées au ras de la tête et sa queue au ras de l'échine, ce qui lui donnait la mine d'une de ces chimères japonaises qu'on place dans les cabarets, parmi les autres curiosités, ou bien encore de ces animaux fantastiques à qui les sorcières, allant au sabbat, confient le soin d'écumer le chaudron où bouillent leurs philtres. »[3]

Le Japon sabbatique, terre de prodiges et de monstres, de fantômes et de légendes, marqua plus d'un bel esprit, de Lafcadio Hearn (1850-1904) à Joris-Karl Huysmans (1848-1907) qui affirmait dans *Certains* :

> « [...] depuis lors, les Japonais sont les seuls qui tentèrent de procréer réellement des monstres. Certaines figures d'Hokusaï, des femmes surtout, semblables à des fées pendues dans la brume, avec des cheveux tombant en saule-pleureur sur des faces diminuées et pâles, ont des aspects de fantômes, réalisent des apparitions de spectres [...] »[4]

1. *La France espagnole*, Paris, Le Seuil, coll. « L'univers historique », 2003.
2. *Le Soulier de Satin*, Gallimard, coll. « Folio », 2007 (1929), p. 359.
3. *Romans, contes et nouvelles*, Paris, Gallimard, coll. « Bibliothèque de la Pléiade », 2002, vol. 2, p. 650.
4. J. K. Huysmans, *Écrits sur l'art*, Paris, Bartillat, 2006, p. 406.

Judith Gautier, la fille de Théophile, prolongea l'enthousiasme paternel pour l'Orient et mena celui-ci d'une main ferme jusqu'au Japon. Son roman de 1875, *L'Usurpateur*, plongeait ses lecteurs dans le Japon des hégémons et ses conflits. Dans ses *Poèmes de la libellule*, elle entreprit une traduction partielle du *Shin kokin waka shū* (*Nouveau recueil de* waka *de jadis et d'aujourd'hui*), la grande anthologie de 1201. Cette traduction fut conçue en collaboration avec l'un des lettrés et des hommes politiques les plus connus du Japon : Saionji Kinmochi (1849-1940) et artistement illustrée par Yamamoto Hōsui (1850-1906). Cet artiste vint lui aussi en France en 1878 pour y étudier auprès de Jean-Léon Gérôme (1824-1904), peintre orientaliste de renom, et tenter de restituer cet autre Orient dont il était issu : autant d'herbes au fil de l'eau (jap. *ukikusa*), entre nos deux pays, pour reprendre le titre de l'une des belles calligraphies de Hōsui. *Oriens ex oriente lux*. De Judith, Rémy de Gourmont pouvait dire : « Son salon est une académie asiatique. » Son sens du rythme japonais et son usage conjoint de la rime française forcent encore l'admiration. Voici sa traduction d'un poème de Ki no Tsurayuki :

« Si du nouveau maître
De mon logis bien-aimé
Le cœur m'est fermé,
Des fleurs je crois reconnaître
L'ancien accueil embaumé. »

Ne pouvant aborder un sujet aussi vaste, souvent bien servi par des publications récentes mais partielles, je me contenterai d'évoquer quelques épisodes de la découverte du bouddhisme japonais. Max Elskamp (1862-1931), l'auteur belge du fameux recueil l'*Éventail japonais* (1886), amateur d'art et passionné d'art populaire, converti au bouddhisme selon la mode schopenhauerienne, possédait une série de peintures des Neuf Aspects de la décomposition du cadavre d'une jeune fille ; thème bouddhique bien connu dans l'art japonais. Les peintures étaient en vente chez Siegfried Bing (1838-1905), le célèbre marchand et amateur d'art japonais chez qui Proust connut les productions artistiques et artisanales de ce pays. Bing avait lui-même acheté cette œuvre à Philippe Burty. En ce Paris où l'on « japonisait », Burty possédait donc ces peintures relevant d'un fond ascétique très ancien mais, par les hasards de la Roue des Vies et des Morts et de la collectionnite, proche de l'esthétique résolument misogyne et des idéaux célibataires des frères Goncourt[5]. Gageons que Huysmans en eût fait une pièce de résistance de la demeure de Floressas Des Esseintes à Fontenay. Elles

5. Se reporter à Charles Willemen et Christian Berg, *De Negen overdenkingen over de onreinheid van het lichaam*, Anvers, Verhandelingen van het Etnogrfisch Museum, 1975, p. 3-4.

furent représentées également par l'un des derniers maîtres de l'estampe et admirable peintre, notamment de monstres, de fantômes et d'enfers : Kawanabe Kyōsai (1831-1889). Ces peintures apparaissent dans le *Journal* d'Edmond de Goncourt à la date du 19 janvier 1871 :

> « Burty me fait voir un rouleau de peintures japonaises du plus haut intérêt. C'est une étude, en plusieurs planches, de la décomposition du corps après la mort. C'est d'un macabre allemand que je ne croyais pas pouvoir retrouver dans l'art de l'Extrême-Orient. »[6].

De la misogynie jusqu'à l'œuvre claudélien sur le Japon, le chemin à parcourir est fort long. J'essaierai d'évoquer à gros traits cette importante question : comment Claudel concevait-il le bouddhisme qui tenait lieu de principal concurrent au christianisme en Asie et surtout au Japon ? Cette question n'est pas la plus simple à aborder. Le bouddhisme n'enthousiasmait guère le diplomate et le poète. A l'inverse d'autres aspects des cultures asiatiques, il ne fit jamais l'objet d'un discours admiratif dans ses nombreux textes composés sur place.

Claudel a souvent éprouvé, malgré quelques rares épisodes de dégoût, une fascination sans mélange pour les croyances locales japonaises. On pourrait penser que ce type de cultes, détachés de la religion bouddhique, formaient une sorte d'éloge de la nature auquel l'auteur se montrait sensible. On pourrait également imaginer que le poète-diplomate avait fait siens les discours japonais contemporains, visant à écarter le bouddhisme, religion teintée d'origines étrangères, au profit du « *shintō* d'état » (jap. *kokka shintō*) de constitution récente et glorifiant la fonction impériale. Comment expliquer que le bouddhisme fasse l'objet d'une appréciation moins favorable, voire franchement négative ?

Il convient de rappeler que Claudel n'était pas un « philologue » de la Chine, ni du Japon ; ni même de la langue hébraïque dans ses lourds labeurs exégétiques. Ses transcriptions chinoises et japonaises, souvent fautives, indiquent une absence de familiarité avec les textes originaux, en même temps qu'une curiosité pour ces langues et leur écriture à l'instar de sa sœur Camille. Mais un désir et sa réalisation ne font pas toujours bon ménage. De la faute d'Ève à celle de l'Abbé Mouret, l'affaire semble entendue.

Ambassadeur et catholique, Paul Claudel sait et doit établir des priorités :

> « A l'école de l'Étoile du Matin, baptême de 8 jeunes Japonais. Je suis parrain de deux d'entre eux qui reçoivent le nom de Paul. Magnifiques prières du Rituel romain. *Triple exorcisme indiquant avec quelle ténacité les païens sont*

6. *Journal. Mémoires de la vie littéraire*, Paris, Robert Laffont, coll. « Bouquins », 1989, vol. 2 (1866-1886), p. 376.

habités par le diable. Onction et consécration des 5 sens qui désormais sont adaptés non plus seulement aux choses de la terre, mais aux réalités divines. L'après-midi, exposition, peintures japonaises, robes des nô. »[7]

Le diable, si souvent reconnu dans l'archipel, et pas seulement par Claudel, mais par les missionnaires et les écrivains – songeons aux délicieuses nouvelles d'Akutagawa Ryūnosuke (1892-1927) sur les chrétiens, leurs cultes étranges et leurs martyrs – apparaît dans la première partie de cette entrée. Le primat donné à la foi habite les pages du *Journal* bien plus que les poèmes, même si cette séparation s'avère hâtive. Le bouddhisme jouerait donc un rôle dans la possession des jeunes païens dont l'ambassadeur devait délivrer les âmes.

Dans *Connaissance de l'Est*, parmi les textes traitant du bouddhisme, figure en première place le poème intitulé : « Ça et là ». Claudel y parle de la notion d'impermanence. Les éléments constitutifs du monde ne sauraient perdurer ; rien n'est stable, ni les corps, ni les esprits, ni les choses inertes, ni la course des planètes et des mondes. L'image de l'Océan s'impose alors à l'auteur :

> « – Emporté, culbuté dans le croulement et le tohu-bohu de la mer incompréhensible, perdu dans le clapotement de l'Abîme, l'homme mortel de tout son corps cherche quoi que ce soit de solide où se prendre. »[8]

Une lecture bouddhique contredirait cette vision. L'homme ne doit pas chercher une quelconque stabilité mais se pénétrer de l'idée de flux, de courant, de vanité. Le bouddhisme est un tableau de l'inconstance. L'image de la mer est d'ailleurs l'une des images privilégiées dans le bouddhisme : l'« Océan des vies et des morts », l'Océan de la Transmigration[9]. Claudel y revient encore dans le dernier texte de *Connaissance de l'Est* intitulé « Dissolution » :

> « Et je suis de nouveau reporté sur la mer indifférente et liquide. »[10]

La mer, étendue géographique menant d'un ailleurs l'autre, forme aussi un symbole, peut-être inconscient, du bouddhisme. Pour Claudel, cette religion est encore marquée du sceau nihiliste que lui apposèrent plusieurs intellectuels occidentaux au XIXe siècle[11]. Tout en reprenant le

---

7. *Journal*, décembre 1921, Paris, Gallimard, coll. « Bibliothèque de la Pléiade », 1968, p. 532. Je souligne.

8. *Œuvre poétique*, Paris, Gallimard, coll. « Bibliothèque de la Pléiade », 1957, p. 89.

9. Voir l'article d'Hubert Durt « Daikai », in *Hōbōgirin*, Paris, Académie des Inscriptions et Belles-Lettres, diffusion librairie d'Amérique et d'Orient Adrien-Maisonneuve, 1994, vol. 7, p. 817-833.

10. Id., p. 119.

11. La question a été traitée avec beaucoup d'acuité par Roger Pol-Droit dans *Le culte du néant*, Paris, Seuil, 1997, rééd. augmentée coll. « Points », 2004.

vocabulaire bouddhique, « Ça et là » se fait plus polémique, plus virulent, mais essaie néanmoins de comprendre l'éventuelle portée religieuse de la doctrine. Reste que la fugacité doit être dépassée, et que le bouddhiste s'arrête à l'étape initiale dans l'économie du Salut. Il se prive de Rédemption. Il est arrivé à un seuil, à un plafond de verre et ne peut briser celui-ci sans la doctrine chrétienne. Dépourvue de cette pierre sacrée, le voici incapable de rendre compte du monde autrement qu'en négatif. La loi de caducité, les formes bouddhiques du *contemptus mundi* séduisantes aux yeux d'Edmond de Goncourt toujours prompt à se méfier des emballements de la chair et du désir, devraient préparer l'avènement d'une lumière plus aveuglante. Mais celle-ci reste absente. Il manquait, au fond, une doctrine de l'Incarnation au « catéchisme nihiliste » de l'Extrême-Orient. Si Claudel maintient, le plus souvent, une attitude critique voire hostile à l'égard du bouddhisme, c'est – en quelque sorte – parce que ce dernier suscite une panique, un effroi aux portes d'un indépassable néant. Śākyamuni se confond en cela avec les héros wagnériens ; il se mue en une sorte de Wotan asiatique[12]. Wagner avait étudié la doctrine bouddhique dans le travail fondateur d'Eugène Burnouf, *Introduction à l'histoire du Buddhisme indien*[13]. Il ambitionnait même un opéra à ce sujet.

Dans « Le Poëte et le shamisen », Claudel écrit :

> « J'ai ressenti cela au Japon mieux que partout ailleurs : l'amère félicité du paradis bouddhique, qui n'est peut-être pas très loin de l'enfer. »[14]

Un moine bouddhiste est décrit dans « Le Temple de la Conscience », un texte de *Connaissance de l'Est* :

> « Ni l'inscription au-dessus de la porte, ni les idoles dilapidées qu'au fond de cette humble caverne honore la fumée d'un mince encens me paraissent constituer la religion du lieu, ni ce fruit acide où je mords. Mais là, sur cette basse estrade qu'entoure une mousseline, ce paillasson circulaire où le *Bhiku* viendra tout à l'heure s'accroupir pour méditer ou dormir est tout. »[15]

Le cercle du « paillasson de méditation » forme un point depuis lequel le moine, désigné en italique par Claudel de son nom indien, inspecte en son entier la création. Celle-ci, selon un procès typique de dilatation et de rétraction tient en cet espace circulaire. Peut-être le moine se livre-t-il à un type d'exercices que l'école bouddhique Tendai désigne

12. Il faut relire sur ce point les pénétrantes analyses de Watanabe Moriaki dans *Pōru Kuroderu : gekiteki sōzōryoku no sekai*, Tokyo, Chuo Koron Sha, 1975, p. 251-299.

13. Paris, Imprimerie royale, 1844. Voir sur ces questions *Richard Wagner und die Indische Geiteswelt*, Leyde, E. J. Brill, 1989.

14. *Œuvres en prose*, Paris, Gallimard, coll. « Bibl. de la Pléiade », 1965, p. 829.

15. *Œuvre poétique*, *op. cit.* (n. 7), p. 52.

sous le nom de *kanjin*. La définition de ce terme pourrait être reprise au poème claudélien : « conscience de soi-même », « contemplation de son esprit » ou de son cœur. Toutefois, Claudel ne pouvait entièrement réfréner son admiration pour le Japon, fût-ce en bon catholique. Il déclare dans ses entretiens avec Jean Amrouche :

> « [L]e bouddhisme tel que je l'avais vu à Ceylan, m'avait profondément répugné, ça je dois le dire. Ces énormes bouddhas étendus, couchés sous des autels obscurs, dans des temples obscurs, m'avaient répugné. Le bouddhisme chinois ne m'avait pas beaucoup plus non plus. Le bouddhisme sous sa forme japonaise m'a beaucoup plus intéressé. [...] Le bouddhisme japonais est beaucoup plus artistique, et il s'y ajoute une nuance de mélancolie paisible qui est assez attirante. »[16]

Il existe chez Claudel un contraste évident entre le défenseur rigide d'un catholicisme militant et l'admirateur des réalités japonaises. C'est de ce Claudel amoureux du Japon dont nous parle aujourd'hui si bien mon mentor et ami Michel Wasserman dans son livre tout de poésie et d'érudition écrit par l'une des personnes qui connaît le mieux le Japon et qui sans aucun doute l'a le mieux aimé : *D'Or et de neige : Paul Claudel et le Japon*[17]. Claudel devait par ailleurs adoucir son propos à l'endroit de la religion dominante du pays. Le bouddhisme japonais lui plaisait, quand même, sous son jour mélancolique et artistique, adjectifs qui eussent sans doute ému notre regretté maître Bernard Frank.

En réalité, s'il est une œuvre majeure de la littérature française qui soit parvenue, au-delà de ses suréminents mérites, à conjuguer japonisme et bouddhisme, c'est sans aucun doute *A la recherche du temps perdu* ; le roman français le plus fêté et le plus étudié au Japon. Claudel lui-même, en parlant du concept de *mono no aware* « la poignante mélancolie des choses » renvoie au texte proustien :

> « [L]a nature tremble à tous moments sur la limite de l'ineffable ! Il s'agit de la surprendre à l'instant voulu, si fragile !.... C'est ce que certains mystiques japonais appellent le sentiment du Ah ! en anglais le *Ah ! awareness*. (Il y a aussi certaines pages à ce sujet dans l'œuvre de Marcel Proust). »[18]

La scène la plus connue de notre XXe siècle littéraire emporte d'ailleurs son lecteur, dans la saveur d'une madeleine, vers le lointain Japon.

> « Et comme dans ce jeu où les Japonais s'amusent à tremper dans un bol de porcelaine rempli d'eau, de petits morceaux de papier jusque-là indistincts

---

16. *Mémoires improvisés. Entretiens avec Jean Amrouche*, Paris, Gallimard, coll. « Les Cahiers de la *NRF* », 2001, p. 145.
17. Paris, Gallimard, coll. « Les Cahiers de la *NRF* », 2008.
18. *Œuvres en prose*, *op. cit.* (n. 14), p. 524.

qui, à peine y sont-ils plongés s'étirent, se contournent, se colorent, se différencient, deviennent des fleurs, des maisons, des personnages consistants et reconnaissables, de même maintenant toutes les fleurs de notre jardin et celles du parc de M. Swann, et les nymphéas de la Vivonne, et les bonnes gens du village et leurs petits logis et l'église et tout Combray et ses environs, tout cela que prend forme et solidité, est sorti, ville et jardins, de ma tasse de thé. »[19]

Ces comprimés japonais en moelle colorée, c'est Marie Nordlinger qui, ayant quitté la France, les faisait parvenir à Proust inconsolable de son départ. Il l'en remercia en une belle phrase : « Grâce à vous, ma chambre noire électrique a eu son printemps d'Extrême-Orient. »[20] Elle lui fit présent de divers autres objets japonais de chez Bing, consciente de leurs effets apaisants sur le cœur si délicat de l'écrivain.

Le 7 avril 1968, Marguerite Yourcenar, elle-même grande admiratrice des lettres et des arts du Japon, écrivait au critique catholique Jean Mouton à propos de la *Recherche* et disait :

« [C]ette œuvre si bouddhiste, par la constatation du passage [du temps], par l'émiettement de la personnalité extérieure, par la notion du néant et du désir. »

En flânant aux anniversaires, comment ne pas retrouver sur notre parcours ces coïncidences troublantes qui alertent notre curiosité ? Kawanabe Kyōsai dont nous parlions tout à l'heure s'était livré à un célèbre concours de dessin avec Félix Régamey (1844-1907), l'illustrateur du livre d'Émile Guimet, *Promenades japonaises*, également paru en 1878 pour le premier volume et en 1880 pour le second. Excentrique, mélange du peintre et de l'ermite fou, l'année 2008 fut l'occasion d'une magnifique rétrospective de son œuvre peint au musée national des Beaux-Arts de Kyōto. En fermant provisoirement le catalogue de l'exposition, j'ai rattrapé l'étrange artiste dans d'autres pages admirées hier et retrouvées aujourd'hui : celles de *Regarder écouter lire* de Claude Lévi-Strauss, dans l'étude intitulée « En regardant Poussin ». Kyōsai y observe un oiseau toute la journée pour le peindre, n'en retient que quelques traits choisis, et sur le carnet cent fois remet son volatile. Il se rapproche ainsi, pour Claude Lévi-Strauss, de Poussin décrit par Félibien, et d'Ingres déclarant : « il faut avoir toujours un carnet en poche et noter en quatre coups de crayon les objets qui vous frappent, si vous n'avez pas le temps de les indiquer entièrement. » Le passage se clôt par une évocation du goût de l'anthropologue et du mythographe pour les correspondances, filles du hasard et de l'imprévu :

19. *A la recherche du temps perdu*, Paris, Gallimard, coll. « Bibliothèque de la Pléiade », 1984-1987, vol. 1, p. 47.

20. *Marcel Proust. Lettres à une amie*, Manchester, Éditions du Calame, 1942, p. 118-119.

« [J]e trouve dans ces rapprochements l'explication, la justification j'espère, de mon goût personnel qui unit dans la même dévotion la peinture nordique (Van Eyck, Van der Weyden), Poussin, Ingres et les arts graphiques du Japon. »[21]

Et tout comme sa phrase nous invite à de nouvelles correspondances, à de nouveaux échanges, à d'inédits métissages, à des collages dignes du splendide manuscrit d'*Arcane 17*, elle renvoie aussi au monde si délicat du *Genji monogatari* (*Dit du Genji*), dans lequel les Japonais aiment à voir un lointain ancêtre de Proust et qui inspira au grand ethnologue français de magnifiques pages[22]. En même temps que les relations entre nos deux pays, que les expositions universelles, que les hommes, les livres et les images si dignes objets de nos commémorations, il m'est agréable de terminer mon propos avec cet immense savant et ce si subtil écrivain, dont l'œuvre nous à tant appris, ce connaisseur du Japon, qui fut également lié d'érudite amitié à Bernard Frank à qui nous devons tellement. Il aura cent ans le 28 novembre. Permettez-moi, en ce jour historique, de lui souhaiter un peu avant l'heure un bon anniversaire et de lui rendre mon hommage modeste mais très fervent.

François LACHAUD

21. *Œuvres*, Paris, Gallimard, coll. « Bibliothèque de la Pléiade », 2008, p. 1518.
22. « Lectures croisées » dans *Le Regard éloigné*, Paris, Plon, 1983, p. 107-125.

LA TRADUCTION MÉDIATRICE : QUELQUES RÉFLEXIONS SUR L'ASYMÉTRIE DES ÉCHANGES LITTÉRAIRES ENTRE LA FRANCE ET LE JAPON

« ... toute traduction est une manière pour ainsi dire provisoire de se mesurer à ce qui rend les langues étrangères l'une à l'autre [...]. En elle (dans la traduction) l'original croît et s'élève dans une atmosphère, pour ainsi dire, plus haute et plus pure, du langage, où certes il ne peut vivre durablement [...] vers laquelle cependant, avec une pénétration qui tient du miracle, il fait au moins un signe, indiquant le lieu promis et interdit où les langues se réconcilieront et s'accompliront. »

Walter Benjamin, *La tâche du traducteur*[1]

Dans ce texte décisif de 1923, Benjamin explicite l'enjeu profond de la traduction : se mesurer à la différence, tout en ne cessant de croire en une utopie, lorsque la traduction des textes originaux permet la réconciliation et l'accomplissement des langues – au-delà de l'interdit, comme impossibilité essentielle de la traduction. Cet horizon éthique guidera notre brève étude des relations de traduction entre la France et le Japon dans le domaine littéraire, au cours du XXe siècle.

Aux origines

Des frères Goncourt à Paul Claudel, en passant par Louis Kreitmann[2] d'un côté ; de l'autre Kawashima Tadanosuke (1853-1938), premier traducteur de Jules Verne, Morita Shiken (1861-1897), traducteur de Victor Hugo et de Jules Verne encore, Ueda Bin (1878-1916), poète et universitaire, introducteur notamment de la poésie symboliste française (*Kaichôon* [*Le Bruit de la Marée*], 1905), relayé par le grand écrivain Nagai Kafû (1879-1959) (*Sangoshû* [Coraux], 1913), relayé à son tour par le

1. In *Œuvres* I, trad. M. de Gandillac, revue par R. Rochlitz, Paris, Gallimard, 2000, p. 252. Il s'agit de la Préface à la traduction des *Tableaux parisiens* de Baudelaire, Weisbach, Heidelberg, 1923.
2. Voir ici-même la présentation de Sekiko Matsuzaki-Petitmengin.

poète Horiguchi Daigaku (1892-1981) – et tant d'autres : les relations culturelles entre la France et le Japon ont été portées par une série de passeurs remarquables, tant du côté français que du côté japonais.

La traduction littéraire a ainsi permis l'instauration d'un véritable échange intellectuel – découvertes, influences et recréations – dont l'importance, considérable au Japon, fut plus limitée en France ; mais les configurations, en tout état de cause, s'articulent en miroir l'une de l'autre. Après avoir présenté les principales étapes de l'histoire de ces traductions, nous nous pencherons sur deux figures marquantes de l'époque de la maturité des échanges culturels entre le Japon et la France, des années 1960 aux années 1980 : le professeur Watanabe Kazuo et l'académicienne Marguerite Yourcenar. Ce faisant, nous poserons la question de l'asymétrie des transferts culturels et de leurs effets.

Deux historiques

Il faut d'abord rappeler le contexte : une sélection de quelques dates et titres nous permettra d'esquisser une brève histoire croisée des traductions.

Du français vers le japonais, c'est en 1878 que paraît la première traduction japonaise de littérature française. L'ouverture des frontières, à partir de la Restauration de Meiji (1868), avait induit de profonds bouleversements sociaux et culturels : réforme de la langue, renouvellement thématique sous l'influence directe des œuvres importées, création d'un véritable statut d'écrivain sur la scène culturelle.

En 1878, c'est donc Jules Verne qui ouvre la voie avec *Le Tour du monde en 80 jours* (première partie), traduit depuis l'original par Kawashima Tadanosuke, précédemment cité. Cette traduction de l'original représente une exception à l'époque, car toute la série suivante des romans de Jules Verne, pour lequel un véritable engouement se crée au Japon, sera retraduite depuis l'anglais[3]. Quoi qu'il en soit, le succès n'est pas dû au hasard : l'éloge du voyage, de la découverte et de la science[4] ne pouvait que rencontrer l'intérêt d'un public avide de connaissances nouvelles.

---

3. Voir pour des informations plus précises la notice de Nakamaru Noriaki qui accompagne l'adaptation japonaise du *Tour du monde en 80 jours* : *Shinsetsu Hachijûnichikan sekai isshû*, in *Hon.yaku shôsetsu-shû* (recueil d'œuvres en traduction), t. 2, collection Shin Nihon koten bungaku taikei Meiji hen, vol. 15, Tokyo, Iwanami shoten, 2002, p. 497-507. Kawashima a traduit cette œuvre du français, tandis que les autres romans ont été traduits à partir d'une première version en anglais.

4. Cf. Yoshikawa Yasuhisa, « Appropriation de la littérature française et formation du champ littéraire moderne au Japon », in *L'aventure des lettres françaises en extrême Asie : Chine, Corée, Japon, Vietnam*, Cheng Pei éd., Paris, You-Feng, 2005, p. 80-92. L'article retrace en cinq étapes l'histoire de l'introduction de la littérature française au Japon.

On notera ensuite en 1882 la première traduction du *Contrat social*, par Nakae Chômin (1847-1901), excellent francisant et idéologue engagé ; puis entre 1884 et 1896, de nombreuses traductions de romans de Victor Hugo, par divers traducteurs, dont une première version des *Misérables* en 1887. Réception plus politique, qui s'explique par le développement des courants de pensée progressistes au Japon.

La phase suivante concerne l'importation d'œuvres d'Émile Zola, qui marquera durablement l'histoire littéraire japonaise en imposant le naturalisme comme modèle dominant d'influence. L'on recense entre 1890-1903 de très nombreuses « traductions-adaptations »[5] sous la plume d'écrivains importants comme Ozaki Kôyô (1867-1903), Kosugi Tengai (1965-1952), puis Nagai Kafû, précité, avec *L'Assomoir*, *Nana*, *La Bête humaine*, etc.

Durant cette phase, les traductions consistaient de fait en adaptations, empruntant les intrigues et les personnages pour les japoniser, ou bien encore en double-traductions depuis l'anglais (dont la médiation était déjà dominante à l'époque)[6]. Cependant, il est incontestable que, abondamment introduite durant cette époque charnière entre Meiji et Taishô, de la fin du XIXe siècle au début du XXe siècle, la littérature française a profondément contribué à modeler la littérature moderne japonaise – en interaction avec les autres littératures occidentales, et le patrimoine classique sino-japonais.

Tout au long des décennies suivantes, nombreux encore ont été les universitaires et écrivains francisants et francophiles qui ont consacré leurs efforts à présenter en japonais les chefs-d'œuvre français – avec un point d'orgue à la fin des années 60 autour de la mode de l'existentialisme et de la forte influence qu'a exercée la figure de Sartre sur la scène littéraire japonaise[7].

La période contemporaine, depuis les années 1990, et même si les sciences humaines et sociales ont continué d'être largement traduites, correspond à un creux de la vague, dont on ne connaît pas l'issue. Ceci ne doit pas empêcher de reconnaître que les traductions d'œuvres françaises ont été portées, au Japon, tout au long du XXe siècle, par une histoire extraordinairement riche et somme toute récente – contribuant

5. Appelées *hon.an*, et distinctes des traductions, appelées *hon.yaku*.

6. L'analyse de ce corpus nécessite de ce fait des précautions méthodologiques, sur lesquelles nous ne pouvons ici nous attarder. Nous utilisons donc pour cette période le terme de « traduction » dans son sens le plus étendu.

7. Cf. Watanabe Kazutami, *Furansu no yûwaku* [*La séduction de la France*], Tokyo, Iwanami Shoten, 1995. Par exemple, les premières œuvres d'Ôe Kenzaburô, dont il sera question plus loin, évoquent clairement des problématiques existentialistes.

pleinement à la constitution d'un patrimoine culturel commun en langue japonaise.

Qu'en est-il alors des traductions en français d'œuvres japonaises ? C'est en 1871 que paraît la première traduction d'un recueil d'extraits de textes japonais : *Anthologie japonaise, poésies anciennes et modernes des insulaires du Nippon*, par Léon de Rosny, chez l'éditeur Maisonneuve et Cie. On peut saluer ici l'œuvre véritablement pionnière de Léon de Rosny (1837-1914), personnage hors du commun, qui a été le premier enseignant de japonais de l'École des Langues orientales en 1863, premier titulaire de la chaire fondée en 1868 – une réponse de l'État français à l'ouverture promise par la Restauration de Meiji.

Il faut souligner que cette traduction devance dans la chronologie les traductions de la littérature française au Japon, mais la différence réside dans le nombre de traductions publiées par la suite. Malgré la vogue du japonisme dans les arts, suscitée par les images reçues du Japon en France, les traductions de littérature japonaise en français ne paraîtront que de façon sporadique, à l'occasion d'une tournée de théâtre en Europe par exemple, ou grâce à la passion d'amateurs érudits de la littérature japonaise comme Serge Élisseeff (1889-1975).

Après l'épreuve de la guerre, dans les années 1960, une deuxième étape d'introduction aux œuvres japonaises est franchie, lorsque les grands éditeurs français, conseillés par des agents américains, se saisissent d'auteurs majeurs, Tanizaki, Kawabata, Mishima, notamment, pour entreprendre une politique de traduction suivie de leurs œuvres, tandis que, parallèlement, dans le domaine académique, des traductions de littérature classique, sous la plume de René Sieffert (1923-2004), professeur à l'Institut national des Langues et Civilisations orientales, paraissent de façon systématique. Ainsi, les deux premiers volumes du *Dit du Genji* ont-ils été publiés en 1977.

Enfin, à partir des années 1980, qui correspondent à la reconnaissance internationale du Japon comme deuxième puissance économique du monde, une véritable dynamique de traduction de la littérature japonaise se met en place, sous l'impulsion de nouveaux éditeurs, conseillés par de nouveaux traducteurs, et bénéficiant souvent de subventions japonaises destinées à mieux faire reconnaître la culture nationale à l'étranger[8]. Depuis 1985, environ vingt-cinq nouveaux titres littéraires

8. Les publications les plus significatives de ce phénomène sont les deux volumes de l'*Anthologie de nouvelles japonaises contemporaines* (auxquels s'ajoute l'*Anthologie de poésie japonaise contemporaine*, 1986), parus chez Gallimard, dans la collection du Monde entier, en 1986 et en 1989 ; et les trois volumes des *Nouvelles japonaises*, parus aux éditions Philippe Picquier, en 1986 et 1988.

paraissent chaque année, en sorte que, de nos jours, quelque cinq cents œuvres sont théoriquement accessibles en français.

Une comparaison biaisée

Pour autant, les deux situations sont-elles comparables ? La réponse est évidemment négative, car ces traductions ne relèvent pas de la même hiérarchie des valeurs[9]. Au Japon, les œuvres françaises ont longtemps constitué un panthéon du modèle occidental qu'il fallait atteindre pour pouvoir entrer dans la modernité ; en France, les œuvres japonaises ont symbolisé un certain exotisme, une représentation de l'altérité, un autre ordre esthétique. Et même si cette configuration évolue de nos jours, fondamentalement cette asymétrie subsiste, car elle relève sur un autre plan de l'histoire ancrée des dominations politiques, économiques et culturelles – incluant la dimension linguistique[10]. Les inégalités et phénomènes de déséquilibre, puis de rééquilibrage des transferts culturels, sont toujours les produits de rapports de force qui les dépassent, sans pour autant obéir à des mécanismes rigoureux.

D'ailleurs, une véritable symétrie est-elle possible ? Cette symétrie, qui s'inscrit en filigrane de toute réflexion sur l'asymétrie, est en soi parfaitement abstraite et statique, son existence même fait l'objet de débats. Il faut sans doute sortir de cet ordre bipolaire, qui enferme les corpus dans des catégories. Par conséquent, plutôt que de reprendre cette notion d'asymétrie, il faudrait sans doute réfléchir, dans le domaine de la circulation de la traduction, à une logique floue de développement, qui accepte l'hétérogénéité et la mobilité des idées. Cette ligne floue, plus que l'asymétrie, et bien plus que la symétrie, fonctionne comme

---

9. Voir P. Casanova, *La République mondiale des Lettres*, Paris, Seuil, 1999. S'inspirant des thèses de la sociologie de la culture développée par Pierre Bourdieu, elle analyse les tensions entre cultures dominantes et cultures dominées, dans le cadre en particulier de l'expansion colonialiste de l'Occident.

10. Tel est également le point de vue d'un ouvrage récent qui établit un bilan, à partir de l'examen des flux de traduction, de la position culturelle de la France dans le monde. Cf. G. Sapiro éd., *Translatio – Le marché de la traduction en France à l'heure de la mondialisation*, Paris, C.N.R.S. Éditions, 2008. Bien que l'Asie ne fasse pas partie des études de cas qui y figurent, les méthodologies sont parfaitement applicables. On citera pour exemple le paragraphe suivant dans l'Introduction de Gisèle Sapiro : « Instruments des luttes d'influence, les langues participent en effet de la structuration de ce système mondial des relations interculturelles. Leur part dans les flux de traduction de livres constitue un bon indicateur de l'état des rapports de force constitutifs du système, à condition de prendre en compte la médiation du marché du livre. Le cas de la langue française, autrefois hégémonique, est particulièrement intéressant de ce point de vue. L'évolution de sa position dans les flux de traduction est un révélateur des transformations du système et de sa reconfiguration à l'ère de la mondialisation », *op. cit.*, p. 14.

source de dynamiques croisées, entre diffusion d'une culture reconnue et recherche de légitimité, entre logiques hégémoniques et réactions frontales ou alternatives ; elle constitue un mode producteur de la diversité et de la variété, dont on peut tenter de mesurer les effets, les impacts et les traces, dans leur complexité.

Pour illustrer la créativité propre à cette ligne floue, on examinera ici deux figures presque contemporaines de traducteurs, l'un au Japon, l'autre en France, qui semblent se répondre dans un dialogue imaginaire, au-delà des frontières.

Watanabe Kazuo (1901-1975)

Du côté du Japon, Watanabe Kazuo est sans doute l'un des plus grands spécialistes japonais de la littérature française. En poste à l'Université de Tokyo à partir de 1936, nommé professeur en 1948, il a traduit l'œuvre de Rabelais et d'Érasme, mais aussi de Baudelaire, Mallarmé, Valéry, Anatole France, Gide, Loti, Flaubert, Villiers de l'Isle-Adam ou Musset, pour ne citer que quelques-uns des auteurs auxquels il s'est attaché. Il a aussi publié de nombreux ouvrages sur la philosophie et la littérature de la Renaissance[11]. Sa traduction intégrale des aventures de Gargantua et de Pantagruel, commencée avant la seconde guerre mondiale et publiée par volumes successifs, est parue dans l'édition complète de cinq volumes en 1965 chez Hakusuisha, republiée dans une version revue et corrigée chez Iwanami en 1975. Un simple regard sur ce processus qui a duré plus de trois décennies révèle l'ampleur et l'ambition de la tâche de traducteur de Watanabe, qui n'a pas hésité à réviser son immense travail une fois achevé. On peut aussi lire ses notes de traducteur de l'œuvre de Rabelais[12], qui traitent autant des problèmes culturels que des difficultés stylistiques, avec une attention minutieuse accordée aux détails. Cette traduction jouit d'une réputation inégalée : qualité d'écriture (en langue classique travaillée de telle sorte qu'elle exprime tous les registres, comique, dramatique, grotesque, épique, etc.), réflexivité, érudition, rythme, bref une transposition parfaitement réussie, et elle a durablement impressionné des générations d'intellectuels et d'écrivains japonais.

---

11. Voir sa bio-bibliographie, publiée dans *Watanabe Kazuo chosaku-shû* [*Œuvres de Watanabe Kazuo*], Tokyo, Chikuma Shobô, 1970, vol. 14.

12. Cf. *Raburê hon.yaku oboegaki* [*Notes sur la traduction de Rabelais*], I (1956-1957) et II (1964-1967), in *Watanabe Kazuo chosaku-shû*, vol. 1 et 2, Tokyo, Chikuma Shobô, 1970.

Voyons concrètement un extrait, avec cette adresse aux lecteurs qui ouvre *La Vie très horrificque du Grand Gargantua, père de Pantagruel* :

« Aux lecteurs
Amis lecteurs qui lisez ce livre,
Dépouillez-vous de toute passion
Et ne soyez pas scandalisés en le lisant.
Il ne contient ni mal ni corruption ;
Il est vrai que vous n'y trouverez guère de perfection
Sauf en matière de rire ;
Mon cœur ne peut choisir d'autre sujet
A la vue du chagrin qui vous mine et vous consume.
Il vaut mieux traiter du rire que des larmes,
Parce que le rire est le propre de l'homme. »

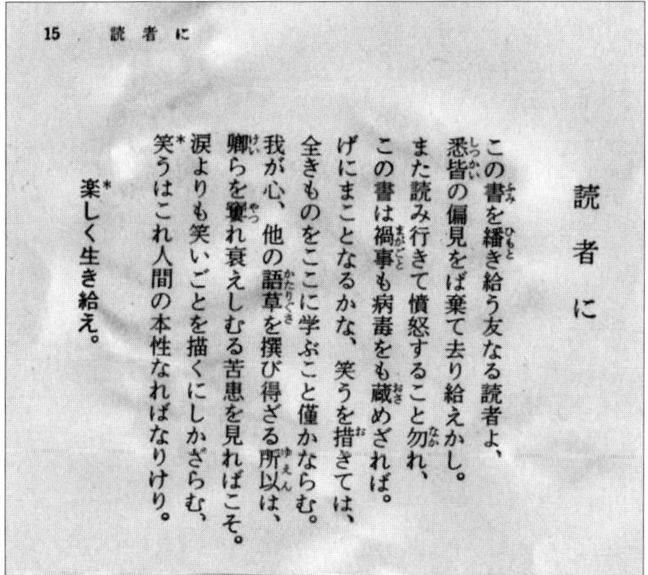
15 読者に

読者に

この書を繙き給う友なる読者よ、
悉皆の偏見をば棄て去り給えかし。
また読み行きて憤怒すること勿れ、
この書は禍事も病毒をも蔵めざれば。
げにまことなるかな、笑うを措きては、
全きものをここに学ぶこと僅かならむ。
我が心、他の語草を撰び得ざる所以は、
卿らを窶れ衰えしむる苦患を見ればこそ。
涙よりも笑いごとを描くにしかざらむ、
*笑うはこれ人間の本性なればなりけり。

*楽しく生き給え。

Ainsi débute la traduction magistrale de cette grande œuvre, qui introduit la truculence, le carnavalesque, la bouffonnerie à l'intérieur de la langue japonaise. Or, le premier grand témoin des effets produits par cette traduction n'est autre que l'écrivain Ôe Kenzaburô.

Si Watanabe était peu connu hors des frontières japonaises jusque-là, son nom est désormais célèbre, car Ôe lui rend hommage dans son discours de récipiendaire du prix Nobel de littérature, en 1994. Voici quelques extraits significatifs[13] :

13. Les extraits sont tirés de Ôe Kenzaburô, *Moi d'un Japon ambigu*, trad. René de Ceccatty et Ryôji Nakamura, Paris, Gallimard, 2001, p. 22 et 23-24.

> « […] Les travaux de Watanabe sur Rabelais sont une incontestable réussite. Avant la guerre, lorsque, poursuivant ses études à Paris, le jeune Watanabe lui a fait part de sa décision de traduire Rabelais en japonais, son éminent professeur français a qualifié ce projet ambitieux en ces termes : "l'entreprise inouïe de la traduction de l'intraduisible Rabelais." »

Un peu plus loin :

> « Je me considère comme un disciple de Kazuo Watanabe dans ma vie et dans mon œuvre. J'ai reçu son influence définitive sous deux formes. La première concerne la littérature. Sa traduction […] m'a déjà enseigné concrètement ce que Mikhaïl Bakhtine a théorisé dans les formules de "réalisme grotesque" ou de "système des images dans la culture comique populaire". Importance des principes matériels et corporels ; rapport intime entre les éléments cosmiques, sociaux et corporels ; superposition de la mort avec la passion de la régénération ; éclat de rire qui peut renverser la hiérarchie apparente : ces systèmes d'images m'ont ouvert, à moi qui suis né dans une périphérie nommée Japon […] une voie d'expression vers l'universalité, tout en me permettant de rester enraciné dans cette périphérie. […] L'autre aspect de l'influence que j'ai reçue de Watanabe concerne l'humanisme. Je considère ce chercheur comme un esprit européen […]. Ainsi chercha-t-il à inculquer aux Japonais l'humanisme le plus humain, en particulier l'importance de la tolérance. »

Ôe a ainsi écrit plusieurs fois sur son maître et ami, y compris un ouvrage qui lui est entièrement dédié en 1984[14], et qui comporte, là encore, un chapitre sur la traduction de Rabelais. Il y écrit notamment : « J'espère ardemment que Gargantua et Pantagruel, traduits par Watanabe Kazuo, soient lus plus largement, et qu'ils deviennent une force susceptible de changer la littérature japonaise. » Puis il dresse la liste des écrivains, au Japon, mais aussi en Corée, et dans le monde, Gabriel Garcia Márquez par exemple, qui se sont inspirés de Rabelais. Pour sa part, Ôe ajoute qu'il a puisé à ses débuts dans la pensée carnavalesque à la façon rabelaisienne, pour parvenir, dans son cheminement, jusque chez William Blake. Ces arguments consacrent la traduction comme relais d'une inspiration, en quelque sorte, planétaire.

L'œuvre d'Ôe elle-même, qui se déploie dans une intertextualité intensive, explicite ou implicite, est évidemment liée fortement à l'univers pantagruélique : la vision grotesque de l'humanité, le rire, la démesure, l'ironie, en intégrant la relecture par Mikhaïl Bakhtine du monde rabelaisien, rien n'échappe à la puissance centripète de l'auteur.

---

14. Ôe Kenzaburô, *Nihon gendai no yumanisuto Watanabe Kazuo o yomu* [*Lire un humaniste du Japon contemporain : Watanabe Kazuo*], Tokyo, Iwanami Seminar Books 8, 1984. Notamment le cinquième chapitre : « Garugantua to Pantagrueru no hon.yaku to kenkyû no buntai ni tsuite » [« A propos du style des traductions et recherches sur Gargantua et Pantagruel »], p. 173-207.

On reconnaîtra ainsi de riches résonances dans ce célèbre *incipit* de l'une des plus belles nouvelles de l'auteur, *Dites-nous comment survivre à notre folie* [15], dans la traduction de Marc Mécréant :

> « Au cours de l'hiver 196-, un homme d'une obésité vraiment peu commune vécut une aventure affreuse qui faillit le rendre fou. Il se vit à deux doigts d'être précipité dans le bassin d'eau sale où barbotait un ours blanc. Par une heureuse conséquence toutefois, il se retrouva délivré d'une idée fixe qui l'avait jusque-là emprisonné dans son carcan. A peine libéré cependant, il connut un état pitoyable de solitude intérieure qui rabougrit davantage encore son tonus moral déjà squelettique. Là-dessus, dans un coup de tête - car il était sujet à de brusques embrasements -, il décida de secouer aussi un autre fardeau dont il avait été également impuissant à se défaire. [...] Tandis que sa peu ragoûtante personne, à laquelle adhéraient encore les écailles et la puanteur de sardines pourries dont l'avait éclaboussé la grosse pierre jetée à sa place dans le bassin de l'ours, débordait d'une intrépidité quasi désespérée, il téléphona en pleine nuit à sa mère, là-bas, dans sa lointaine province. »

Amplifié, relu par Ôe, l'héritage de Rabelais s'est diffusé au Japon, chez de plus jeunes auteurs aussi. Sans utiliser le terme d'influence, notion complexe et discutée de nos jours, on parlera ici d'une référence fondamentale de la culture universelle, reçue et recréée au Japon.

Marguerite Yourcenar (1903-1987)

La passion de la Renaissance et l'inclination pour l'humanisme sont des choses partagées. On les retrouve d'une tout autre façon chez Marguerite Yourcenar, dont l'œuvre s'inspire largement des horizons lointains, dans l'espace et dans le temps, depuis les *Nouvelles orientales* (1963) jusqu'à *Mémoires d'Hadrien* (1971) en passant par *L'œuvre au noir* (1968). C'est en 1980 qu'elle publie un essai magistral, intitulé *Mishima ou la vision du vide*[16], comme pour commémorer la mort spectaculaire de l'auteur, dix ans auparavant. Dans cet essai, Yourcenar utilise un fil biographique pour installer l'œuvre de Mishima Yukio au croisement des cultures, entre Racine, Montaigne et Camus, et tant d'autres : ses commentaires sur *Confession d'un Masque*, chef-d'œuvre noir, *Le Pavillon d'Or*, chef-d'œuvre rouge, et *Le Tumulte des flots*, chef-d'œuvre clair, se concluent par un long hommage rendu à la tétralogie finale de *La Mer de la Fertilité*. Sans être hagiographique, cet essai, aux accents compassionnels, a ceci de particulier que l'on perçoit une communauté d'intérêts

15. Id., *Dites-nous comment survivre à notre folie*, recueil trad. M. Mécréant, Paris, Gallimard *NRF*, coll. du monde entier, 1982. La nouvelle éponyme, qui donne son titre au recueil, a été initialement publiée en février 1969, dans la revue *Shinchô*. L'extrait cité ici se trouve p. 81 de la traduction.

16. Chez Gallimard *NRF*.

– la mort, l'amour, le monde – entre les deux auteurs. La rencontre a lieu, indubitablement, et d'une certaine façon, Yourcenar, par sa propre légitimité littéraire, consacre[17] en France la position de Mishima.

Elle confirme son implication en publiant en 1984 une traduction élaborée avec Jun Shiragi (Silla)[18] : *Cinq Nôs modernes*[19] de Mishima. Dans son avant-propos, elle commente chaque pièce, après avoir posé le cadre de son travail, qui consiste en un hommage à une « grande » forme de théâtre élaborée au Japon, et revue par un « poète authentique » :

> « Nombre de Français connaissent le Nô par ouï-dire ; d'autres pour en avoir lu ou feuilleté quelques-uns en traduction, ou même pour en avoir vu donner un au Japon ou par une troupe de passage. Bien des gens l'entrevoient surtout grâce au bel et fracassant essai de Claudel, qui tout à la fois simplifie et exagère : "Le drame grec, c'est quelque chose qui arrive ; le Nô, c'est quelqu'un qui arrive." En quête de formule mémorable, on pourrait s'en tenir à celle-là. On pourrait aussi assurer que les *Cinq Nôs modernes* de Mishima, comme toute œuvre de poète authentique, peuvent et doivent être appréciés pour eux-mêmes, sans référence aux Nô d'un lointain passé. Ce serait pourtant se priver des harmoniques que le poète a su garder ou faire naître. »

Les harmoniques : cette belle notion fait écho à la traduction, car ici Mishima translate au présent un répertoire classique, et Yourcenar adapte en français cette transposition, dans une hybridation saisissante d'opérations esthétiques.

Comment alors se déploient les pièces ? Voici un court extrait de *Aoi* (*Aoi no ue*), nô moderne de Mishima, véritable palimpseste, traduit par Marguerite Yourcenar, inspiré du nô de Zeami[20], lui-même inspiré d'un célèbre épisode du *Dit du Genji* :

> « Madame Rokujô : Je sais que vous aimerez mon jardin. Au printemps, des herbes aromatiques croissent au bord de la pelouse et remplissent le jardin d'un parfum délicieux. Ensuite, dans la saison des pluies, le jardin inondé disparaît tout à fait. Vous pouvez voir les fleurs d'hydrangea noyées par l'eau

---

17. On renverra ici à la notion de « traducteur-consacrant », développée par Pascale Casanova dans son article : « Consécration et accumulation de capital littéraire », in *Actes de la recherche en Sciences sociales*, « Traduction : les échanges littéraires internationaux », n° 144, septembre 2002, p. 7-20.

18. Nous n'entrerons pas ici dans la discussion sur les modalités d'une telle traduction, qui, pour l'écrivain, consiste surtout en une réécriture. Le cas cité plus loin de la pièce de théâtre *Madame de Sade* relève de la même problématique.

19. Gallimard *NRF*, coll. du monde entier. L'extrait cité se trouve p. 3. *Kindai nôgaku-shû*, l'édition originale de ce recueil de cinq pièces est parue en 1956, chez Shinchôsha. Chaque œuvre a d'abord été publiée en revue ; par ailleurs des éditions ultérieures du même recueil au Japon intègrent trois titres complémentaires, non traduits en français.

20. On peut en lire une version française, dans *La lande des mortifications : vingt-cinq pièces de nô par Zeami et autres*, traduit du japonais, présenté et annoté par Armen Godel et Koichi Kano, Paris, Gallimard, coll. « Connaissance de l'Orient », 1994.

qui envahit la pelouse. Avez-vous jamais vu une fleur d'hydrangea noyée ? C'est l'automne, maintenant, et des nuées de libellules s'envolent des roseaux de la rive, et glissent sur la surface du lac comme des traîneaux sur la glace.

« Hikaru : C'est là votre maison, n'est-ce pas ?

« Madame Rokujô : Oui, celle au toit vert céladon. On la reconnaît toujours de beaucoup plus loin au crépuscule, à cause du soleil couchant. Le toit et les fenêtres brillent, et la lumière fait l'effet d'un phare qui indique l'emplacement de la maison. »[21]

La portée symbolique et les accents élégiaques sont magnifiquement rendus, la convergence esthétique et stylistique entre les deux auteurs s'exprime de façon évidente. Les *Cinq Nôs modernes* seront par la suite mis en scène en France à plusieurs reprises, témoignant de la réussite de ce projet, qui transcende les temps, les lieux, les cultures et les codes du théâtre.

Conclusion

Le dialogue pourrait se poursuivre ainsi à l'infini. Pour le clore momentanément, on rappellera que dans l'œuvre de Mishima un titre attire l'attention, comme s'il était prémonitoire d'une réception particulière qui l'attendrait en France. Il s'agit de *Madame de Sade*, pièce de théâtre, publiée au Japon en 1965, adaptée en français en 1976 par un autre écrivain de renom, André Pieyre de Mandiargues, à partir d'une traduction littérale de Miura Nobutaka. Comme l'indique Mishima dans la postface : « Il est peut-être singulier qu'un Japonais ait écrit une pièce de théâtre sur un argument français. La raison en est que je souhaitais employer à rebours les talents que les comédiens de chez nous ont acquis en représentant des pièces traduites de langues étrangères. »[22] En tout état de cause, la version française de cette pièce, remarquable par son maniérisme et sa cruauté, renforcée par une structure originale construite sur l'absence physique du Marquis, ne laisse nulle part filtrer un détail, un code ou un signe, qui relèveraient du Japon. Et cette pièce a été jouée maintes fois en France[23], dans des mises en scène oscillant entre

21. L'extrait cité se trouve p. 135-136 du recueil.

22. Mishima Yukio, *Madame de Sade*, trad. par Miura Nobutaka et André Pieyre de Mandiargues, Gallimard *NRF*, coll. du monde entier, 1976, p. 132-133. Édition originale, sous le titre *Sado kôshaku fujin*, in *Bungei*, novembre 1965.

23. L'actualité nous en fournit une preuve supplémentaire : *Madame de Sade*, pièce de Mishima Yukio, a été jouée à Paris au Théâtre des Abbesses (annexe du Théâtre de la Ville), dans une mise en scène de Jacques Vincey, du 8 octobre au 25 octobre 2008. Par une coïncidence à souligner, la pièce est jouée au Japon à la même saison : *Sado kôshaku fujin*, dans une mise en scène de Suzuki Katsuhide, au Théâtre Tokyo Globe, du 17 au 26 octobre 2008.

la référence immédiate ou allusive au Japon, et son éloignement absolu, transposition directe dans le XVIIIe siècle français.

La métamorphose par la traduction est alors totale, l'expérience est absolue. L'auteur n'a pas assez vécu pour le voir, mais tout se passe comme s'il avait prévu qu'il donnerait ainsi l'existence à un objet rare, une sorte de « traduction parfaite », « rêve d'une rationalité totalement dégagée », comme l'écrit Paul Ricœur, « des contraintes culturelles et des limitations communautaires »[24] . Le parcours esquissé ici de l'histoire des traductions croisées entre la France et le Japon permet peut-être d'effleurer par la grâce d'un exemple ce « lieu promis et interdit » cher à Benjamin.

Cécile Sakai

*

* *

BIBLIOGRAPHIE SÉLECTIVE

Antoine Berman, *L'épreuve de l'étranger*, Paris Gallimard, coll. « Tel », 1984.

Id., *La Traduction et la Lettre ou l'Auberge du lointain*, Paris, Seuil, coll. « L'ordre philosophique », 1999 (première parution 1985).

Id., *Pour une critique des traductions : John Donne*, Paris, Gallimard, coll. Bibliothèque des idées, 1995.

Cheng Pei éd., *L'aventure des lettres françaises en extrême Asie : Chine, Corée, Japon, Vietnam*, Paris, You-Feng, 2005.

Umberto Eco, *Dire presque la même chose – Expériences de traduction*, Paris, Grasset, 2007 (édition italienne 2003).

Michaël Ferrier éd., *La tentation de la France, la tentation du Japon – Regards croisés*, Arles, Picquier, 2003.

Marc de Launay, *Qu'est-ce que traduire ?*, Paris, Verdier, 1999.

Paul Ricœur, *Sur la traduction*, Paris, Bayard, 2004.

Gisèle Sapiro éd., *Translatio – Le marché de la traduction en France à l'heure de la mondialisation*, Paris, C.N.R.S. Éditions, 2008.

George Steiner, *Après Babel – Une poétique du dire et de la traduction*, trad. L. Lotringer, Paris, Albin Michel, 1978 (édition anglaise 1975).

Watanabe Kazutami, *Furansu no yûwaku* [*La tentation de la France*], Tokyo, Iwanami Shoten, 1995.

24. P. Ricœur, *Sur la traduction*, Paris, Bayard, 2005, p. 17-18.

LE TRAITÉ D'EDO : ACTEURS ET ENJEUX

Le 6 septembre 1858, une délégation française, forte d'une vingtaine de personnes, quitte Shanghai sur trois navires, une corvette mixte, le *Laplace*, l'aviso de seconde classe, le *Prégent*, et un clipper de commerce, le *Rémy*. Elle emmène avec elle le baron Jean-Baptiste Louis Gros (1793-1870), chef de la délégation, commissaire extraordinaire et plénipotentiaire en Chine depuis le 14 mai 1857, négociateur français du traité de T'ientsin, et futur ambassadeur de France à Londres, le vicomte Henri-Gaston de Contades (1828-1872), secrétaire de 3e classe, Hippolyte Charles Napoléon Mortier, marquis de Trévise (1835-1892), le baron Charles Gustave Martin de Chassiron (1818-1871), Ludovic Joseph Alfred, marquis de Moges (1830-1861), Alfred de Fay, comte de Latour Maubourg, Emmanuel Raymond Auguste, vicomte de Flavigny, attachés à la mission en Chine et l'abbé Eugène Emmanuel Mermet de Cachon (1828-1871), des Missions étrangères de Paris, qui fait office d'interprète. Elle aborde le Japon à Shimoda 13 septembre, où elle est accueillie par le gouverneur Nakamura Tokikazu et le consul général des États-Unis, Townsend Harris (1804-1878), puis elle se présente dans la baie d'Edo le 19 septembre. Le 9 octobre 1858, elle signe avec les six représentants du gouvernement shôgunal un traité de commerce et d'amitié, le traité d'Edo, qui scelle l'ouverture officielle des relations diplomatiques entre le Japon et la France. Le 2 février 1859, un décret impérial nomme Gustave Duchesne de Bellecourt (1817-1881), alors premier secrétaire auprès de l'ambassade extraordinaire de France à Pékin, consul général de France à Edo, qui arrivera au Japon le 6 septembre 1859 à bord de la corvette *Du Chayla*. Les instruments de ratification furent formellement échangés avec le gouvernement japonais le 22 septembre 1859.

Ce traité, fondateur des relations officielles entre la France et le Japon, intervient dans un contexte particulier, celui de la montée en puissance des Occidentaux en Asie orientale et en Océanie – Chine, Birmanie, Siam pour la Grande-Bretagne ; Vietnam, Nouvelle Calédonie, Wallis et Futuna, îles Marquises, Tahiti pour la France, alors que le Portugal, l'Espagne et les Pays-Bas sont déjà présents dans la région – et plus généralement d'une expansion européenne liée à la constitution des grands empires coloniaux[1]. Il reflète comme la plupart des accords conclus avec l'Empire du Milieu et le Japon à la même époque, une conception de l'ordre international qui, pour être maintenant obsolète, n'en a pas moins durablement imprégné les rapports entre l'Occident et les pays d'Extrême-Orient. La présente contribution a pour objet d'évoquer et d'expliquer le contexte de cette initiative française qui fait partie intégrante de l'histoire du Japon moderne, mais qui a été trop souvent occultée par l'historiographie contemporaine de la France et, singulièrement, du Second Empire, peu diserte sur la politique extrême-orientale de Napoléon III[2].

Les prolégomènes et l'arrière-plan du traité d'Edo

La conclusion du traité d'Edo parachève un long processus diplomatique qui amorce l'intégration de l'archipel dans le concert des relations internationales, mais qui intervient dans un environnement de crise au Japon même.

Il est bien connu que depuis la fin du XVIIIe siècle, le Japon, qui pratique officiellement depuis 1635 une politique isolationniste, se trouve confronté, sur ses marches, à une pression occidentale de plus en plus en plus forte. Les incursions de navires occidentaux dans les eaux japonaises se multiplient : tour à tour, la Hollande, la France, la Russie, la Grande Bretagne, les États-Unis vont présenter au *Bakufu* des exigences de plus en plus pressantes allant d'un traitement humanitaire pour les marins naufragés sur les côtes nippones à l'ouverture de relations commerciales et de ports en passant par le ravitaillement des navires étrangers faisant relâche dans les ports japonais. Toutes ces exigences battent en brèche la politique précitée de fermeture à laquelle le Japon, à l'origine du moins, est peu disposé à renoncer. Deux événements vont permettre au Japon de prendre la mesure du « péril blanc » : la guerre de l'opium de 1839 à

1. D. Barjot, J.-P. Chaline, A. Encrevé, *La France au XIXe siècle*, Paris, PUF, 2002, p. 232-233.

2. Rappelons, pour mémoire, que le *Dictionnaire du Second Empire* paru aux éditions Fayard en 1995 sous la direction de Jean Tulard ne contient aucune entrée sur le Japon et que si le traité d'Edo y est mentionné, c'est avec une date erronée tirée du calendrier lunaire non converti. Les développements sur l'Extrême-Orient sont ténus dans les « classiques » qui traitent de la période. Rien dans la célèbre biographie de L. Girard, *Napoléon III*, Paris, Fayard, 1986. Peu de chose dans la biographie de P. Milza, *Napoléon III*, Paris, Librairie académique Perrin, 2004, p. 633-636, ainsi que dans la dernière biographie en date du fondateur du Second Empire, celle d'É. Anceau, *Napoléon III*, Paris, Taillandier, 2008, p. 372 et 387-389. Dans ces trois ouvrages précités, il n'y a malheureusement pas une seule ligne sur le Japon.

1842 d'une part, l'arrivée du commodore Perry en 1853 porteur d'une lettre personnelle du président Fillmore d'autre part.

La victoire de la Grande-Bretagne sur la Chine lors de la guerre de l'opium est un traumatisme pour la classe dirigeante japonaise : voilà une puissance occidentale opérant à des milliers de kilomètres de ses bases capable de vaincre l'empire des Qing dont nul ne contestait la puissance et le prestige. Certes, le Japon ne se percevait pas comme un État vassal ou satellite de la Chine, mais les élites politiques japonaises étaient depuis des siècles pétries de culture chinoise. Jaloux de son indépendance politique, et à l'exception des courants nativistes des *kokugakusha*, littéralement des « études nationales », intellectuels, bureaucrates et *samurai* partagent en commun, sinon la vision d'un monde sinocentré, du moins celle d'une transcendance culturelle de la Chine. Or, l'Empire du Milieu s'effondre sous les coups de boutoir d'un pays mal connu, venu de l'Occident lointain. Dès lors, comment le Japon, qui se considère comme un « petit pays », *shôkoku*, au regard de l'immensité d'un monde nouveau en pleine expansion et sur lequel il n'a pas de prise pourrait-il résister ? Lui que l'insularité, l'éloignement géographique et l'isolationnisme ambiant ne protègent plus de l'appétit de plus en plus vorace des Puissances ? Le Japon est d'autant plus encouragé aux introspections douloureuses que dans une lettre au shôgun en date du 15 février 1844, le roi des Pays Bas Guillaume II, après avoir rappelé les circonstances de la défaite de la Chine face à la Grande-Bretagne, adjure le gouvernement japonais de renoncer à sa politique de fermeture.

L'ultimatum du commodore Perry de juillet 1853, en baie d'Uraga, qui déclare revenir dans un délai d'un an pour recevoir la réponse officielle du gouvernement japonais à l'offre de négociation de Washington, ajoute à cette conscience diffuse de crise le sentiment de l'urgence. Elle déstabilise aussi la vision du monde des Japonais, non seulement du fait de l'affaiblissement politique de la Chine, mais aussi de la prise de conscience que la Hollande, jusque-là interlocutrice incontournable du *Bakufu* dans son dialogue distant et indirect avec l'Occident, n'était plus qu'une puissance mineure[3]. Le 31 mars 1854, contraint et forcé, le *Bakufu* consent à signer un traité d'amitié avec les États-Unis. Aussitôt, les autres Puissances s'engagent dans la brèche : pour le compte de la Grande-Bretagne, l'amiral James Stirling (1791-1865) signe, de sa propre initiative, un accord d'ouverture des ports de Nagasaki et de Hakodate, le 14 octobre 1854. Le 23 octobre, les Hollandais obtiennent l'ouverture des ports de Shimoda et de Hakodate et l'amiral russe Efim Vassilievitch

3. Sur tous ces points, B. Tadashi Wakabayashi, « Opium, Expulsion, Sovereignty. China Lessons for Bakumatsu Japan », *Monumenta Nipponica* 17/1, printemps 1992, p. 1-25.

Poutiatine (1804-1883), le 7 février 1855, celle des ports de Shimoda, Nagasaki et Hakodate. Mais ces initiatives vont radicaliser les partisans du maintien du *statu quo* et de la politique de fermeture et approfondir les divisions à l'intérieur de l'administration shôgunale.

Si, au Japon, la nécessité de renforcer la défense du pays contre le « péril blanc » est bien comprise, la gestion de la menace occidentale s'avère plus délicate : d'abord, elle va obliger le *Bakufu* à entreprendre une réforme de son administration centrale et à se doter d'offices spécialisés dans le traitement des affaires diplomatiques : en 1858 par exemple, ce seront les préfets délégués aux affaires étrangères, *Gaikoku bugyô*, qui auront la charge des pourparlers avec les Puissances, dont la France, lors des traités conclus cette année-là, et qui succèdent au *Kaibô gakari*, l'office en charge de la défense maritime, au nom prédestiné[4]. Ensuite elle va contraindre le *Bakufu* à mettre en place des instances d'information et d'éducation pour former des élites mieux au fait des « choses de l'Occident » : la création du *Bansho shirabesho*, ou bureau d'inspection des livres barbares, en mars 1856, ouvert d'abord aux fils des fonctionnaires shôgunaux, puis ensuite aux fiefs, répond à cet objectif qui sera poursuivi et approfondi par la suite après même la chute du régime en 1868. De plus, le *Bakufu* se trouvera contraint de revoir progressivement, au moins partiellement, son mode de gouvernance : les fiefs « extérieurs », ou *tozama*, les plus exposés à la menace étrangère se trouvent à la périphérie de l'archipel mais ils ne participent pas au gouvernement shôgunal car ils se sont ralliés tardivement aux Tokugawa. Le *Bakufu*, affaibli par deux siècles de gouvernement sans partage, s'efforce de résister à la montée en puissance des grands fiefs qui entendent imposer un meilleur équilibre du pouvoir, tout en élargissant le cercle de ses consultations politiques[5]. C'est à la fois un aveu de force – s'assurer que les décisions prises

4. Ces préfets seront surtout des hauts-fonctionnaires. Les questions politiques restent du ressort des Anciens, *Rôjû*. Les six négociateurs avec lesquels la France eut à traiter furent Mizuno Tadanori (1810-1868), grand intendant de la famille Tayasu qui avait pris part à la conclusion du traité nippo-britannique de 1854, Nagai Naonobu, (1818-1891), préfet aux affaires financières, *Kanjô bugyô*, qui avait participé auparavant aux discussions avec les Russes et les Anglais en 1858, Inoue Kiyonaga (1809-1868), gouverneur de Shimoda, déjà rompu aux négociations avec les États-Unis, Hori Toshihiro, (1816-1860), gouverneur de Hakodate, qui avait pris part à la délégation japonaise ayant traité avec les Russes, Iwase Tadanari (1818-1861), *metsuke*, (inspecteur des vassaux directs) qui fut l'un des interlocuteurs de Townsend Harris, le négociateur américain, Nonoyama Shôzô (?), *metsuke*. Les préfets délégués aux affaires étrangères étaient gratifiés d'un revenu de 2000 *koku* de riz et d'une indemnité de 300 *ryô*.

5. Pour un exemple de cette attitude la lettre de Hotta Masayoshi, président du conseil des Rôjû du 20 janvier 1857, Tôkyô Daigaku shiryô hensanjo, *Dai nippon komonjo bakumatsu gaikokukankei monjo* (n. 5), archives du Grand Japon, archives diplomatiques de la période de la fin du *Bakufu*, Tôkyô, Tôkyô Daigaku shuppankai, 1985, vol. 18, doc. n°s 187 et 188.

recueillent un assentiment le plus large possible – mais aussi de faiblesse : le *Bakufu* ne peut plus désormais agir seul. Le décès du 13e shôgun Iesada le 14 août 1858, provoque une querelle de succession entre partisans et adversaires des branches Kii et Hitotsubashi de la dynastie shôgunale qui ravive les tensions entre le *Bakufu* et les fiefs autour de l'avenir du régime : les « extérieurs » soutiennent la branche Hitotsubashi et une plus grande ouverture de l'administration shôgunale, les « fidèles » soutiennent au contraire la branche Kii, la plus proche par le sang, et qui finira d'ailleurs par l'emporter. Enfin, la crise déclenchée par les traités va remettre politiquement en scène la Cour de Kyôto. Celle-ci est hostile aux nouveaux accords que le *Bakufu* se propose de conclure en 1858, et elle le fait savoir non seulement au *Bakufu*, mais aussi à treize fiefs, dont celui de Mito, fer de lance du parti xénophobe[6]. Cette situation tout à

6. Il semble bien que le *Bakufu* ait surévalué sa capacité à convaincre la Cour d'autoriser la signature des nouveaux traités en 1858. Juridiquement, il n'était sans doute pas tenu de le faire, mais politiquement, selon le négociateur américain Townsend Harris, les autorités auraient agi par « respect à l'égard de la Cour » et parce qu'elles estimaient plus sage de recueillir son assentiment afin de surmonter les oppositions éventuelles. On peut penser cependant qu'un autre motif ait poussé le *Bakufu* à soumettre les traités à la Cour : traiter avec les Occidentaux c'était renoncer à une conception autocentrée et hiérarchique du monde – le Japon face aux peuples « barbares » – pour une vision plus excentrée et diffuse de l'ordre international dans laquelle la place du Japon apparaissait beaucoup plus incertaine et surtout, les traités étaient d'une autre nature que ceux qui avaient été conclus en 1854 : il ne s'agissait plus seulement d'accords provisoires à effets limités mais d'engager durablement le Japon dans le cours des relations internationales : Aoyama Tadamasa, *Meiji ishin no gengo to shiryô* [*La Restauration de Meiji à travers les mots et l'histoire*], Ôsaka, Seibundô, 2006, p. 19. En 1854, la Cour de Kyôto avait déjà donné son aval à la signature des premiers traités conclus avec les puissances étrangères mais elle avait exigé le renforcement des défenses côtières, *Dai nippon komonjo bakumatsu gaikokukankei monjo*, *op. cit.* (n. 5), vol. 7, doc. n° 110 : pour elle, les traités de 1854 ne constituaient qu'une solution d'attente avant l'expulsion effective des Barbares. Le 9 février 1855, à l'instigation du *Bakufu*, elle ordonna qu'à cet effet, les cloches des temples bouddhistes de l'ensemble du pays soient fondues pour en faire des canons, *ibid.*, vol. 8, doc. n° 203 : il s'agissait d'une ordonnance impériale de caractère national sans précédent sous les Tokugawa, qui marque la volonté du *Bakufu* d'utiliser le prestige de la Cour à son profit. Mais, entre 1854 et 1858, la position de Kyôto, travaillée par les courants xénophobes se raidit : au début 1858, elle fit valoir qu'il était hors de question que des étrangers puissent aborder les régions limitrophes du palais impérial, celles notamment de Kyôto et du Kinai, ce qui visait tout particulièrement le port de Hyôgo ; à deux reprises, les 6 avril et 3 mai, en dépit des sollicitations pressantes du *Bakufu*, elle juge que l'accord en cours de négociation avec les États-Unis est contraire à la « bonne loi » de la fermeture du pays, qu'il compromet le prestige de l'Empire et qu'en conséquence de plus amples consultations doivent intervenir avec les trois branches cadettes de la famille Tokugawa (Kishû, Owari, Mito) et les princes territoriaux, *ibid.*, vol. 19, doc., n° 165 et n° 318. C'était là une fin de non recevoir. Mais, lorsque pressé par les Occidentaux, le *Bakufu* se résout à signer de sa propre autorité les traités litigieux, tout en refusant de se plier à une « convocation » de la Cour pour explication, l'empereur Kômei menace aussitôt d'abdiquer, *ibid.*, vol. 20, doc., nos 311 et 312. Sur les sentiments personnels de l'empereur Kômei, on peut se rapporter à la lettre du 6 août 1858 à destination du grand rapporteur Kujô Hisatada dans laquelle il fustige

fait inédite, grosse d'imprévus et de dangers pour le régime, va obliger les autorités shôgunales à tenter de restaurer avec Kyôto et l'empereur les fils d'un dialogue politique qui avait eu tendance à se déliter depuis deux siècles, tout en s'efforçant de verrouiller l'accès direct au trône des princes territoriaux et des samurais du parti xénophobe afin d'entraver les collusions préjudiciables aux intérêts du *Bakufu*. C'est donc dans un climat passablement agité que la délégation française abordera les côtes japonaises en septembre.

Les motivations françaises

Sur le plan diplomatique, la France prend pied tardivement au Japon. Elle ne figure pas dans la première vague de traités qui fait suite en 1854 à la signature du traité d'amitié nippo-américain. L'absence de relations officielles entre les deux pays complique la gestion de certaines situations de fait engendrées par la présence accrue de bâtiments français dans les parages japonais, en particulier les contraintes de ravitaillement pour les navires et les impératifs de santé pour les membres d'équipage malades ; elle entrave également les contacts directs avec les officiels japonais de haut rang. L'on peut donc dire que, dans un premier stade du moins, en-deçà de préoccupations purement politiques, l'ouverture de relations officielles entre les deux pays, comme d'ailleurs pour les autres Puissances, vise à encadrer et à répondre à des situations concrètes d'urgence, dont le traitement, à défaut d'accord en bonne et due forme, aurait été laissé à la complaisance, voire à l'arbitraire des parties en présence.

Des manœuvres d'approche quoique indirectes, et avec des succès limités, avaient été tentées sous la Monarchie de Juillet. Après la première

---

l'incapacité du shôgunat à remplir son office sous prétexte de son impuissance à repousser les étrangers par la force et qualifie les traités de « tâche sur le pays des Dieux, conduisant le pays à sa perdition » : Kunaishô sentei go-jiseki torishirabe gakari, *Kômei tennô-ki* [*Annales de l'empereur Kômei*], 6 vol., Kyôto, Heian jingû, 1967-1971, vol. 2, p. 922. Le 14 septembre, la Cour délivre un ordre impérial déplorant la signature des traités sans autorisation impériale, transmis en secret à treize fiefs, dont celui de Mito. Une initiative sans précédent de contacts directs entre Kyôto et les fiefs qui irrita profondément le *Bakufu*, *ibid.*, vol. 21 n° 10. Également *Kômei tennô-ki*, *op. cit.*, vol. 3, p. 32. Finalement, le 2 février 1859, la Cour devait reconnaître le caractère inéluctable de la signature des traités, mais comme une mesure provisoire qui ne remettait pas en cause la politique de fermeture, et confirmant que les étrangers devaient être exclus des abords de Kyôto et du grand sanctuaire d'Ise, *Dai nippon komonjo bakumatsu gaikokukankei monjo*, *op. cit.* (n. 5), vol. 21, doc. n° 419. Ce dernier document ne fut pas rendu public par le *Bakufu* qui estima que dans ses relations avec les Puissances, la révélation des tendances xénophobes de la Cour pouvait être contre-productive. Pour une relation en français de ces différents épisodes : P. Akamatsu, *Meiji-1868. Révolution et contre-révolution au Japon*, Paris, Calmann Lévy, 1968, p. 145 sq.

guerre de l'opium qui avait permis à la Grande-Bretagne d'arracher Hong-Kong à la Chine, le ministre des Affaires étrangères François Guizot (1787-1874), dès 1843, avait été à l'affut d'un lieu susceptible de constituer une base navale et commerciale proche à la fois de la Chine et du Japon. Il partait d'un constat – l'absence de la France en mer de Chine – et d'un risque : celui de la dépendance accrue des navires français à l'égard des Britanniques (Hong-Kong), des Portugais (Macao) ou des Espagnols (arsenal de Cavite dans l'île de Luçon) pour leurs points d'appui, de refuge ou de ravitaillement. Si la France était désireuse d'installer dans ces parages une station navale, il ne convenait pas qu'elle soit « absente dans une aussi grande partie du monde, lorsque les autres nations de l'Europe y possèdent des établissements »[7]. Parmi les sites potentiels, celui de l'île de Bassilan, dans l'archipel des Solou, au nord de Bornéo, fut un moment envisagé, puis abandonné en août 1845 pour ménager les susceptibilités espagnoles. Il s'avéra que l'archipel des Ryûkyû, ne manquait pas d'atouts de par sa situation géographique : pour Guizot, l'ouverture de la Chine étant acquise, celle du Japon suivrait à terme. Mais comme l'Asie du Nord-Est était, selon lui, destinée à être le champ clos de la rivalité entre la Grande Bretagne et la Russie, l'intérêt national commandait une option susceptible d'éviter à la France d'être trop vivement impliquée dans cette compétition. A cet égard, les Ryûkyû pouvaient constituer un tremplin utile en direction de l'archipel nippon. Les relations avec Londres s'étant dégradées depuis le milieu des années 1840 avec le retour aux affaires de Henry John Temple, vicomte de Palmerston (1784-1865), en tant que secrétaire au Foreign Office, notamment à propos de la querelle des « mariages espagnols » (1844-1846) et du choix du conjoint de la Reine Isabelle II, Guizot avait alors envisagé de se rapprocher de l'Espagne et des Pays-Bas, puissances extrême-orientales du fait de leurs établissements aux Philippines et en Indonésie. En d'autres termes, l'émergence des Ryûkyû comme « camp de base » en direction du Japon s'inscrivait dans le cadre d'une politique de contournement de l'influence britannique dans cette partie du monde, alors que le Second Empire, mais dans un contexte international sensiblement différent, misera au contraire sur l'alliance avec la Grande Bretagne.

De ce fait, la marine française, à travers les expéditions du capitaine Bénigne-Eugène Fornier-Duplan (1788- ?) en avril 1844, des amiraux Jean-Baptiste Cécille (1787-1873) en juin 1846 et Nicolas

7. A. Allain, *La France de Guizot et l'Extrême-Orient*, Paris, 1999, thèse de l'École des Chartes ; A. Bocher, *Aventures d'un missionnaire français aux îles Liou-Tcheou*, Paris, Imprimerie typographique H. Richard, 1895, p. 3 sq.

Guérin de Frémicourt (1796-1877) en novembre 1855, avait tenté initialement d'imposer un protectorat sur le royaume afin d'y contrecarrer la menace anglo-saxonne, puis d'obtenir de ce dernier les mêmes avantages que ceux qui avaient été concédés aux Américains dans le traité bilatéral du 11 juillet 1854[8]. C'est ainsi que le ministère de la Marine et des Colonies entreprit de convaincre le Quai d'Orsay de l'intérêt pour la France à parvenir à un accord similaire avec le royaume et à occuper, de concert avec Londres et Washington, les îles Bonin afin de sécuriser les lignes d'approvisionnement des établissements français en Océanie[9]. C'est dans cet esprit que le contre-amiral Guérin précité obtint, le 24 novembre 1855, la signature d'un accord avec les autorités locales, mais qui ne fut jamais ratifié[10]. En définitive la piste des Ryûkyû ne s'avéra guère productive, en dehors de l'installation de quelques missionnaires aux activités étroitement contrôlées. Cet échec d'une prise de contrôle direct ou indirect de l'archipel d'Okinawa est imputable à plusieurs causes. D'abord, le royaume des Ryûkyû, n'était pas convaincu de l'intérêt qu'il avait à rompre ses liens traditionnels et profitables avec ses deux principaux « tuteurs », la Chine et le fief de Satsuma, au profit d'une tierce puissance lointaine à laquelle il avait peu à offrir en échange de sa protection. En second lieu, Paris avait vraisemblablement surestimé l'importance réelle des Ryûkyû dans sa stratégie d'approche du Japon. En troisième lieu, la concurrence entre la Marine et le Quai d'Orsay nuisait à la cohésion de la stratégie extrême-orientale de la France : jaloux du succès de Théodore de Lagrené (1800-1862) en Chine – négociateur du traité de Huangpu, il avait été fait pair de France –, l'amiral Cécille avait cherché à gagner aux Ryûkyû

8. L'amiral Cécille, après son échec à Okinawa, s'était présenté en juillet 1846 à Nagasaki, mais il avait été refoulé. Il n'était d'ailleurs pas habilité à traiter avec les autorités nippones.

9. Lettres du ministre de la Marine Théodore Ducos (1801-1855) à Drouyn de Lhuys en date des 25 janvier et 21 juin 1854, citées in H. Cordier, « Les Français aux îles Lieou-K'ieou », *Bulletin de Géographie historique et descriptive* XXV/3, 1910, p. 410-425.

10. Rendant compte de cet accord, *L'Illustration* du 15 mars 1856 y voit l'instrument de protection des missionnaires français dans leur approche du Japon et la manifestation du rôle civilisateur de la France dans ces contrées éloignées. C'était là une appréciation erronée car l'accord dont il s'agit ne renferme aucune disposition de caractère religieux pas plus qu'il n'envisage d'ailleurs l'échange d'agents diplomatiques. Formellement, il ne s'agit que d'une « convention », et non d'un traité en bonne et due forme, c'est-à-dire d'un accord provisoire, en onze points, car Guérin n'était pas officiellement mandaté par le gouvernement français. Ces points concernent la construction d'un débarcadère et d'un dépôt de charbon, la mise à disposition de terrains pour les futurs résidents français, le ravitaillement des navires, les secours aux naufragés, la liberté de circulation et de relation avec les autochtones pour les ressortissants français dans l'archipel des Ryûkyû, la création d'un cimetière français, l'extraterritorialité et la clause de la nation la plus favorisée. C. Polak, « Une brève histoire de la France au royaume des Ryukyu (II) », *France-Japon éco* 84, automne 2000, p. 69-73.

une notoriété dont il avait été partiellement frustré. On verra en effet par la suite qu'à partir précisément de 1854, le ministère des Affaires étrangères va privilégier la négociation avec Edo. Les deux approches, directes et indirectes, n'étaient certes pas contradictoires puisque l'une comme l'autre avaient pour effet, sinon pour objectif, d'accentuer la pression occidentale sur le gouvernement shôgunal. Mais, dans la mesure où le royaume des Ryûkyû n'était pas réellement indépendant, l'intérêt des Puissances à traiter exclusivement avec lui n'était plus évident, si ce n'est pour intimider le *Bakufu* par la multiplication des possibilités d'accostage[11].

Néanmoins, la question des Ryûkyû renfermait des leçons intéressantes pour la suite des événements. L'absence de ratification de la « convention » signée par Guérin, marquait d'une certaine façon, les limites d'une diplomatie mise en musique, sinon orchestrée, par des officiers de marine agissant au gré des opportunités du moment sans mandat précis et le recentrage sur Edo, une reprise en main des affaires extrême-orientales par le Quai d'Orsay. Par ailleurs, on voit poindre dans le traitement des Ryûkyû la préoccupation majeure de la diplomatie française dans un contexte de renforcement de la concurrence entre les Puissances occidentales en Asie : Paris entend ne pas être écarté de la distribution des cartes et des zones d'influence qu'autorise la conclusion de traités avec les États de la région, surtout lorsqu'ils apparaissent fragilisés par un rapport de forces défavorable. De plus, la convention signée par Guérin, et qui est le premier document officiel régissant les modalités de la présence française dans l'archipel japonais, est typique, tant par son esprit que par ses clauses, de ce qui fera, quelques années plus tard, la mouture du traité d'Edo. Enfin, la disqualification – tardive – de la piste des Ryûkyû n'a nullement entravé les tentatives du gouvernement français de se doter d'une base navale en Extrême-Orient : l'éclatement de la seconde guerre de l'opium avec la Chine lui fit même caresser l'idée – sans lendemain – d'une prise de possession des îles Chusan à

11. Id., *Soie et Lumières. L'Age d'or des échanges franco-japonais (des origines aux années 1950)*, édition bilingue franco-japonaise, chambre de Commerce et d'Industrie française du Japon, Hachette Fujingaho, 2001, p. 10 sq. ; P. Beillevaire, « La place d'Okinawa dans les relations entre l'Occident et le Japon », in *La Rencontre du Japon et de l'Europe. Images d'une découverte*, actes du IIIe colloque d'études japonaises de l'Université Marc Bloch, décembre 2005, S. Murakami-Giroux éd., Paris-Strasbourg, Publications orientalistes de France, p. 21 sq. Également, E. E. Bollinger, *On the Treshold of the Closed Empire : Mid-19th Century Missions in Okinawa*, Pasadena, W. Carey Library, 1991. Sur le rôle des Missions étrangères de Paris : J.-P. Lehmann, « French Catholic Missionaries in Japan in the Bakumatsu and Early Meiji Periods », *Modern Asian Studies* 13/3, 1979, p. 377-400, et surtout, A. Launay, *Histoire générale de la société des missions étrangères de Paris*, Paris, 2003, coll. « Les Indes Savantes », 3 vol. et en particulier le vol. 3.

l'embouchure du Yangtse, opération qui se trouvait dès lors déconnectée de la politique française en direction du Japon[12].

A l'appui de la conclusion d'un traité avec Edo, trois raisons pouvaient être invoquées – économiques, religieuses et politiques – mais qui étaient en réalité d'inégale importance.

Si la France était naturellement intéressée au développement de relations commerciales avec les principaux pays de l'Asie orientale et si la vocation particulière de la France à garantir la protection et la diffusion du christianisme dans cette partie du monde avait été affirmée par le Saint-Siège en 1839, vocation confirmée par le traité franco-chinois de Huangpu du 24 octobre 1844 par lequel la France avait vu consacrer sa position de protectrice des missions catholiques dans l'Empire du Milieu, ni la perspective de l'accès à de nouveaux marchés, ni l'argument religieux ne semblent avoir été décisifs dans la décision d'entrer en pourparlers avec le Japon. Certes, le ministère de l'Agriculture, du Commerce et des Travaux Publics avait fait part au Quai d'Orsay de son intérêt pour l'ouverture du marché japonais[13] et, de façon plus générale, les pouvoirs publics étaient favorables à une plus grande insertion de la France dans les circuits mondiaux de circulation des échanges, mais ce discours n'avait guère été relayé par les chambres de commerce et les milieux d'affaires en général. Les armateurs bordelais étaient par ailleurs particulièrement réticents à se lancer dans des opérations de négoce en Extrême-Orient dont la « profitabilité » n'était pas suffisamment avérée à leurs yeux[14].

Sur la question religieuse, si l'on est convaincu, à Paris, que l'extension du christianisme ne peut être que bénéfique à l'ouverture du Japon et qu'il serait opportun d'y négocier les mêmes avantages pour les missionnaires français que ceux qui avait été obtenus de la Chine[15], les instructions transmises au baron Gros en mai 1857 font l'impasse sur le rôle des missionnaires et les activités d'évangélisation : bien plus, une note en marge du sous-directeur du Quai d'Orsay vint mettre en garde

---

12. Sur cette tentative : *Le Moniteur* du 15 janvier 1858 ; également le mémoire secret du ministre des Affaires étrangères Walewski à Napoléon III d'octobre 1859 cité in P. Renouvin, *La politique extérieure du Second Empire*, Paris, Centre de Documentation universitaire, 1946, p. 71.

13. Le Ministère craignait en particulier le caractère éventuellement exclusif des avantages concédés par les Japonais aux Américains, ce qui aurait eu pour effet de « subordonner au Japon les intérêts comme l'influence des autres pays maritimes, à ceux de la nation américaine ». Le Quai d'Orsay, le ministère et la Marine étaient incités à se concerter sur la politique à suivre à l'égard du Japon : note du ministère de l'Agriculture, du Commerce et des Travaux publics au ministère des Affaires étrangères en date du 10 juin 1854, Archives du ministère des Affaires étrangères, *Correspondance Politique Japon*, vol. 1 (1854-1859).

14. P. Miquel, *Le Second Empire*, Paris, Perrin, 2008, p. 288.

15. *Correspondance Politique Japon*, vol. 1 : projet d'instruction pour le Japon à M. Le Baron Gros, 16 mai 1857.

contre un excès de prosélytisme qui pouvait être interprété par les autorités japonaises comme une volonté de domination politique par élites christianisées interposées et concluait qu'il convenait « d'éviter avant tout, sous peine d'exciter une méfiance profonde et tout compromettre, la question religieuse »[16]. Cela signifiait que le département des affaires étrangères n'entendait pas soumettre sa position à l'égard du Japon à des considérations religieuses et qu'il n'avait pas l'intention de donner suite aux sollicitations contraires des congrégations. Il renonçait, au moins sur le plan officiel, à appliquer au Japon la même stratégie qu'à l'égard de la Chine, à savoir l'instrumentalisation du christianisme comme vecteur d'influence politique[17]. On savait le gouvernement japonais particulièrement chatouilleux sur ce sujet et il n'était pas question de lui fournir un prétexte supplémentaire pour faire traîner ou capoter les discussions. Au surplus, des voix discordantes s'étaient élevées en France pour critiquer l'activisme des missionnaires français en Asie comme contraire aux intérêts nationaux. Non seulement les Européens étaient mal fondés à donner des leçons aux Japonais, eux qui s'étaient dans le passé entre-déchirés lors des guerres sanglantes de religion, mais aussi on contestait l'ampleur des persécutions contre les chrétiens dans ce pays et on déniait toute utilité pour le Japon de la diffusion du christianisme[18]. La doctrine

---

16. Mémoire de Faugère au comte Alexandre Walewski (1810-1868), ministre des Affaires étrangères, sur le culte catholique au Japon. Archives du ministère des Affaires étrangères, Paris, *Mémoires et Documents, Japon*, mai 1857, vol. 1.

17. Y. Bruney, « Les missionnaires vus par les diplomates français en Chine et au Japon, à l'époque du Second Empire », in *La mission en textes et en images, XVIe-XXe siècle*, C. Paisant dir., Paris, 2004, Khartala, p. 439-440. Sur les espoirs et les craintes des Missions étrangères de Paris : « Mais ce ne serait pas assez pour nos chers Confrères de pouvoir résider au Japon et d'y être traités avec toute espèce d'égards, il faut encore qu'ils puissent y prêcher la religion et remplir toutes les fonctions de leur ministère. Si on ne stipule rien à ce sujet dans le traité de commerce que la France veut conclure avec le Japon, nos chers Confrères pourraient bien ne pas y être dans de meilleures conditions que les trois qui sont actuellement à Lou-tchou (*sic*). On leur prodigue des marques de bienveillance ; on leur donne de bons maîtres pour apprendre la langue ; ils reçoivent des présents des ministres et des invitations à dîner ; mais ils sont tellement surveillés par la police qu'ils ne peuvent avoir le moindre rapport avec les indigènes qui fuient à leur approche pour ne pas encourir les peines sévères dont ils sont menacés » (lettre commune, séminaire des Missions étrangères de Paris, Mgr Albrand, 21 juin 1858. http://archivesmep.mepasie.net/recherche/lettre.php?numero=&annee=1858&nom=).

18. J.-Ch. Delprat, mémoire au Quai d'Orsay, novembre 1854, Archives du ministère des Affaires étrangères, *Mémoires et Documents*, *op. cit.* (n. 16), vol. 1., p. 26. Delprat était un négociant français ayant séjourné à Nagasaki entre 1845-1849. Voir du même, « Le Japon et le commerce européen », *Revue des Deux Mondes*, septembre-octobre 1856, vol. 5, p. 640 sq. Cette opinion critique à l'égard du rôle « civilisateur » du christianisme était plutôt hétérodoxe. Delprat mettait également en garde contre toute surestimation du commerce avec le Japon, mais il jugeait par ailleurs que la notoriété de Napoléon Ier auprès des élites japonaises éclairées pouvait faciliter l'ouverture de relations avec le Japon.

de droit public avait tendance à admettre de son côté que la liberté de religion n'était plus, à elle seule, un élément de l'application ou non du droit international aux nations non chrétiennes, et qu'il convenait d'y substituer la notion plus extensive de « principes de civilisation »[19].

Mais surtout, la France venait au Japon dans un esprit différent de celui de la Grande-Bretagne, des États-Unis et de la Russie : à la différence des Anglo-Saxons, dont les manières étaient quelque peu brutales, mus par l'appât du gain, les Français étaient à la recherche d'un accord essentiellement politique avec le Japon : ils ne guignaient un quelconque profit, uniquement préoccupés d'étendre la gloire de l'Empire, d'assurer la présence du pavillon français partout dans le monde et de faciliter l'intégration du Japon dans le concert des nations. Contrairement à la Russie, la France ne nourrissait aucune ambition territoriale sur les marches de l'archipel. En outre, elle ne cherchait pas, contrairement à ses alliés, à « améliorer » des accords déjà existants, mais à traiter pour la première fois avec le Japon. En réalité, l'intervention française reflétait surtout les préoccupations de puissance de Paris qui n'entendait pas se laisser distancer par les autres capitales[20].

Des préparatifs laborieux

Il faudra donc attendre 1854 pour que le gouvernement français commençât à étudier sérieusement la possibilité de conclure directement un traité avec le Japon, en liaison avec l'arrivée du commodore Perry. Mais la signature n'interviendra que quatre ans plus tard en 1858. Ce délai s'explique à la fois par la conjoncture internationale et par la difficulté à réunir les moyens maritimes propres à assurer le succès de l'opération, ces deux problèmes étant par ailleurs étroitement imbriqués.

La question de l'impact de la conjoncture internationale est elle intimement liée aux rapports franco-britanniques. La Monarchie de

---

19. B. Gollnisch-Flourens, *Ouverture du Japon et droit de l'Occident*, thèse de doctorat d'État en droit, Université de Paris II, 1978, 2 vol., surtout le vol. 1.

20. R. Sims, *French Policy Towards the Bakufu and Meiji Japan 1854-1895*, 1998, Japan Library, p. 12 sq. On se rapportera également au rapport de l'amiral Guérin en rade de Hakodate au ministre de la Marine en date du 7 août 1855 in H. Cordier, « Le Premier Traité de la France avec le Japon », *T'oung pao*, XIII, n°1-5, 1912, p. 233 ; dans le même sens, marquis de Moges, *Recollections of Baron Gros's Embassy to China and Japan 1857-58*, Londres, 1861, Griffin, Bohn and Company, p. 355. Le projet d'instruction du Quai d'Orsay au baron Gros en date du 16 mai 1857 est à cet égard sans équivoque sur les motivations de Paris : « la France ne peut rester en arrière des nations qui ont déjà cherché à assurer à leur convenance l'accès d'un pays riche et populeux. Le moment est venu pour elle de se placer à cet égard sur le pied d'égalité avec les puissances qui l'ont devancée dans cette voie » : *Correspondance politique, Japon, ibid.*

Juillet avait initié, non sans quelques accrocs, un rapprochement avec Londres, jetant les bases de la future « Entente cordiale ». Politique réaffirmée par le Second Empire à la fois parce que les deux pays avaient des intérêts communs à défendre en Méditerranée contre l'expansion vers le sud de la Russie – d'où la guerre de Crimée (1854-1856) –, qu'ils étaient alliés contre la Chine lors de la seconde guerre de l'opium et que Napoléon III, anglophile par tempérament, était également soucieux de remettre en cause l'équilibre européen hérité du Congrès de Vienne en 1815, entreprise pour laquelle l'accord de Londres était indispensable[21]. L'arrivée du commodore Perry ouvre pour la France une indiscutable fenêtre d'opportunité, mais les autorités françaises s'interrogent sur l'intérêt d'engager une action conjointe avec Londres. Dans une lettre datée du 6 mars 1854, le ministère des Affaires étrangères confie à Alphonse de Bourboulon, ministre de France en Chine (1809-?), le soin de négocier un accord similaire et parallèle avec le gouvernement japonais, en concertation avec la Grande-Bretagne en cas de succès de la mission américaine au Japon :

> « ...Quant aux stipulations qu'il y aurait à négocier avec le gouvernement japonais, je me bornerai à vous indiquer quelques points principaux. Vous auriez d'abord à prendre pour base et pour point de départ le traité qui serait conclu par le plénipotentiaire américain et à réclamer pour nous-mêmes les avantages qui seraient concédés aux États-Unis. Dans tous les cas il me paraîtrait essentiel de stipuler la juridiction française en faveur des sujets français qui viendraient à s'établir ou à résider au Japon ; de nous réserver pour l'avenir la participation à tous les avantages qui seraient accordés à d'autres nations ; enfin, d'assurer autant que possible à nos missionnaires la liberté de pénétrer et de s'établir dans le pays.
>
> « M. le docteur Bowring[22] a reçu des pouvoirs et des instructions pour le même objet : l'intention de son gouvernement, comme celle du gouvernement de l'Empereur est que vous vous prêterez un mutuel appui... »[23]

On trouve ici dans ces instructions l'essentiel des priorités relatives au contenu même de l'accord et qui se retrouveront, *mutatis mutandis*, dans le projet de traité soumis plus tard aux Japonais et une posture constante de la diplomatie française à l'égard du Japon : être au plus près des avantages qui seraient éventuellement concédés à d'autres pays. Il ne faut pas perdre non plus de vue que pour les Européens les États-Unis

---

21. Ch. H. Pouthas, *La politique étrangère de la France sous la Seconde République et le Second Empire*, 4 fasc., Paris, Centre de Documentation universitaire, 1949, fasc. 3, p. 212 sq.

22. Sir J. Bowring (1792-1872), ancien consul de Grande-Bretagne à Canton, était en passe de devenir à cette époque le 4e gouverneur de Hong-Kong.

23. H. Cordier, *art. cit.* (n. 20), p. 219. L'analogie est frappante avec les instructions du *Foreign Office* à Bowring en date du 13 février 1854 : W. G. Beasley, *Great Britain and the Opening of Japan 1834-1858*, Sangate, Japan Library, 1995, p. 97.

faisaient encore figure de « pays en voie de développement » et que le rôle pionner de ces derniers dans l'ouverture de l'archipel, lié à la mise en valeur de la Californie comme point d'ancrage des futures liaisons trans-pacifiques, ne pouvait qu'attiser les convoitises des « Grandes » Puissances.

Le 7 avril, de Bourboulon confirme au ministre des Affaires étrangères Édouard Drouyn de Lhuys (1805-1881) la signature du traité par les Américains et le 12 mai suivant, il se voit confirmer les pleins pouvoirs pour traiter avec Edo. Pour autant, il fit valoir au Ministre, dans une lettre datée du 19 mai, qu'il était prématuré d'engager des négociations avec les Japonais au motif que si la coopération souhaitée de la Grande-Bretagne devait se traduire par un appui naval de Londres pour pallier la faiblesse de la flotte française, la posture de négociation de la France en serait fragilisée : quel crédit les Japonais pourraient-ils accorder à une délégation française ainsi protégée par une puissance étrangère ou débarquant d'un navire sous pavillon étranger? D'un autre côté, si la Grande-Bretagne et la France envoyaient des forces égales pour négocier avec les Japonais, des rivalités et des querelles de préséance pourraient naître que les Japonais pourraient utiliser à leur profit pour compliquer les discussions. Enfin, de Bourboulon souligna que depuis l'incident du *Phaeton*[24] en 1808, les relations anglo-japonaises n'étaient pas bonnes et que la France avait tout à gagner à manifester une certaine autonomie vis-à-vis de la Grande-Bretagne. Il recommanda en conséquence l'envoi d'une lettre personnelle de Napoléon III assortie d'une liste de cadeaux qui montrerait, dans un premier stade, les bonnes dispositions du gouvernement français.

Dans sa réponse datée du 16 octobre 1854 le ministère des Affaires étrangères approuva la réserve de son représentant en Chine, soulignant que s'il y avait lieu de faire preuve de la plus grande solidarité avec Londres sur la question chinoise, il était plus judicieux pour la France de préserver une certaine autonomie pour ce qui est du Japon. Dans de nouvelles instructions datées du 8 juin 1854, le Quai d'Orsay avait précisé que Londres et Paris étaient disposés à conclure un traité avec Edo qui ne fût seulement pas un simple décalque du traité nippo-américain : il

24. Épisode lointain des guerres napoléoniennes : en octobre 1808, une frégate britannique arborant le pavillon hollandais était entrée illégalement dans le port de Nagasaki et avait obligé les négociants hollandais et les autorités locales, sous la menace de l'usage de la force, à lui fournir vivres et ravitaillement. Le gouverneur de Nagasaki, Matsudaira Yasuhide (?-1808), assumant la responsabilité de l'incident, se suicida. Cet épisode entraîna par la suite un durcissement de la politique du *Bakufu* à l'égard des navires étrangers : le 3 avril 1825, il leur ferma l'accès de toutes les côtes japonaises à l'exception de la rade de Nagasaki. Cet édit devait être rapporté le 29 août 1842, après la défaite de la Chine lors de la première guerre de l'opium.

fallait autant que faire se peut se caler sur le traité conclu entre la France et la Chine en 1844, jugé meilleur que celui obtenu par les autres Puissances, tout en admettant qu'il serait vraisemblablement difficile d'aller plus loin que ce que Washington avait déjà obtenu. En mai 1855, il y eut bien une tentative du gouverneur de Nagasaki d'offrir à la France, dans une démarche jusque-là inédite, l'ouverture des ports de Nagasaki et de Hakodate comme il avait été concédé aux Britanniques l'année précédente, mais le commandant du *Constantine*, le capitaine Louis Tardy de Montravel (1811-1864), avait décliné cette offre, au motif qu'il n'avait pas la capacité de négocier au nom du gouvernement français et que les Japonais cherchaient probablement, par cette initiative, à diviser les Puissances. En effet, le traité négocié par l'amiral James Stirling en 1854 au nom de la Grande-Bretagne, mais sans y avoir été dûment mandaté pour le gouvernement anglais, était considéré par les Japonais comme plus avantageux que ceux conclus avec les autres puissances et le gouvernement nippon craignait que Londres cherchât à imposer des clauses plus restrictives. Il escomptait en conséquence un succès diplomatique avec la France pour amener le gouvernement britannique à se satisfaire, bon gré mal gré, de cet accord.

On en resta là, car il s'avéra que le traité nippo-américain de 1854 n'avait qu'une portée commerciale limitée, et qu'il n'y avait donc pas urgence à entrer en pourparlers avec le Japon. Avec l'éclatement de la guerre de Crimée, l'attention se focalisa sur les mouvements de la flotte russe en Extrême-Orient et la conclusion d'un traité avec Edo passa au second plan des préoccupations. Londres, empêtrée dans la révolte des Cipayes en Inde (mai 1857-mars 1858) informa en conséquence Paris que les Britanniques renonçaient – provisoirement – à se rendre au Japon, ce qui satisfaisait le souhait manifesté par de Bourboulon de conserver une certaine marge de manœuvre mais la France, également accaparée par la guerre de Crimée, n'avait pas non plus les moyens de son ambition[25]. Par la suite, l'engagement de Paris aux côtés de Londres lors de la seconde guerre de l'opium (1856-1860) raviva entre les deux capitales les discussions en faveur d'une action conjointe à l'égard du Japon, mais sans résultat concret.

La France redoutait de devoir dépendre des capacités logistiques de Londres si la Marine n'était pas convaincue de la nécessité de « muscler » la délégation française et de l'importance de traiter avec Edo en lui

---

25. Sur les prolongements de la guerre de Crimée en Extrême-Orient : T. Mormanne, « La prise de possession d'Urup par la flotte anglo-française en 1855 », *Cipango* 11, 2004, p. 209-236 ; J. J. Stephan, « The Crimean in the Far East », *Modern Asian Studies* 3, n°3, 1969, p. 257-277 ; E. du Hailly, « Les escadres alliées dans les mers du Japon et de Tartarie », *Revue des Deux Mondes* XVII/2, septembre-octobre 1858, p. 169-198.

détachant suffisamment de navires. Déjà, dans les instructions précitées du 8 juin 1854, le Ministre avait indiqué qu'il prendrait contact avec le département de la Marine « pour que le pavillon de la France, déjà connu non à Yeddo (*sic*), mais à Nangasaki (*sic*), où il a été représenté en 1846 par une force plus imposante que ne l'était celle des États-Unis à Yeddo dans la même année ne reparaisse pas avec un plénipotentiaire français devant la principale ville du Japon dans des conditions qui ne fissent pas suffisamment apprécier aux Japonais la puissance de notre pays et qui laissent trop d'avantage dans leur esprit à la marine américaine »[26]. Quelques années plus tard, en février 1858, le baron Gros, que le gouvernement français avait investi, en mai 1857 de la tâche de signer un traité avec le Japon, s'employa, au nom du ministère des Affaires étrangères, à persuader l'amiral Charles Rigault de Genouilly (1807-1873), qui allait devenir commandant en chef du corps expéditionnaire français en mer de Chine, de repousser l'expédition punitive prévue contre l'empereur Tu-Duc (1829-1883) en Annam, afin de mettre à sa disposition une force navale « suffisante pour faire impression sur la Cour de Yedo »[27]. La conclusion des traités de T'ientsin les 18, 26 et 27 juin 1858 entre la Chine et les puissances occidentales offrait une occasion favorable – même s'il s'avéra très rapidement que Pékin

26. Dans le même sens, copie de la dépêche de Samuel George Bonham (1803-1863), superintendant du commerce et gouverneur de Hong-Kong à Lord George Villiers Clarendon (1800-1870) en date du 5 avril 1854 : « il est souhaitable que, dans la mesure du possible, les plénipotentiaires anglais et français arrivent accompagnés d'une force navale calculée de façon à donner au gouvernement japonais et au peuple une évaluation appropriée de la puissance de la France et de la Grande Bretagne », *Correspondance politique Japon*, vol. 1. Dans le même sens, et quelques années plus tard, le ministère de l'Agriculture, du Commerce et des Travaux publics indiquera que, compte tenu de la présence, dans cette partie du monde des « grandes nations maritimes », il était nécessaire que le pavillon français y soit présent « pour surveiller la marche des événements » et « se mettre en mesure d'entrer un jour en partage des bénéfices que le commerce des deux mondes pourra retirer de l'ouverture des marchés japonais ». En conséquence, le pavillon français devait être représenté dans les mers de Chine, « de manière à faire apprécier, comme il convenait, la puissance de la France, et à donner plus d'autorité aux demandes que le ministre de France avait mission d'adresser au gouvernement japonais » : lettre au ministre des Affaires étrangères en date du 21 octobre 1857, *ibid.*

27. On notera à ce propos que Lord Elgin (James Bruce, 1811-1863), le négociateur britannique ne s'était présenté à Edo qu'avec quatre bâtiments, le *Furious*, le *Retribution,* le *Lee* et l'*Emperor*, cadeau de la reine Victoria au shôgun, ce qui limitait la portée de l'argumentation du baron. Léon Pagès, ancien attaché de légation en Chine, souligne la pusillanimité de Lord Elgin qui aurait manœuvré pour signer avant les Français : « Le Japon et ses derniers traités avec les puissances européennes », *Le Correspondant* 46, 1859, p. 54. Sans entrer dans cette controverse, il faut savoir que le baron Gros aurait dû embarquer sur la frégate mixte l'*Audacieuse*, mais le mauvais état du bâtiment l'avait contraint à différer son départ. Quoi qu'il en soit, cet article est sans doute l'une des premières relations, en langue française, de l'ouverture du Japon et renferme des traductions des traités déjà signés.

n'avait nullement l'intention de les respecter – qu'il convenait néanmoins d'exploiter pourvu que la mission française disposât d'un appui naval conséquent[28]. Napoléon III avait décidé d'un programme ambitieux de construction et de modernisation de la flotte pour en faire un instrument efficace de dissuasion et de présence de la France dans le monde[29], et à l'occasion de la guerre contre la Chine, la présence de la flotte française en Extrême-Orient avait été renforcée. Mais, en juillet 1858, l'amiral de Genouilly refusa la demande du baron Gros, ne consentant qu'à distraire de l'expédition projetée une modeste flottille de trois navires dont un bâtiment de commerce. La France se trouva donc devant un choix difficile : soit faire appel au renfort naval de la Grande-Bretagne mais avec les inconvénients déjà mentionnés, soit partir seule et tenter de retourner la situation en transformant un atout politique une faiblesse préjudiciable à ses intérêts. En réalité, la France abordait les côtes nippones avec un certain handicap : elle arrivait en retard sur le sol japonais, avec une ambassade restreinte, militairement peu impressionnante, et avec peu de cadeaux : essentiellement quelques pièces de services de table en vermeil, de soierie lyonnaise, des vins, du champagne, qui furent d'ailleurs fort appréciés, ainsi que quelques carabines prélevées sur les contingents du *Laplace* offertes lors du départ de la mission sur le chemin du retour vers la Chine. Des cadeaux plus « substantiels » étant promis lors de l'échange des instruments de ratification. Mais cela ne l'empêcha pas de revendiquer une complète égalité de traitement, notamment avec les Anglais.

Pour éviter que la délégation française ne soit tenue pour quantité négligeable, elle usa habilement de deux arguments : d'une part, pour justifier son modeste appareil, elle fit valoir aux Japonais qu'une bonne partie de la flotte française en Extrême-Orient avait été mobilisée pour réprimer une révolte en Cochinchine, ce qui signifiait aux Japonais que la France était non seulement bien présente militairement dans cette zone mais qu'elle était aussi capable de se déployer rapidement sur plusieurs fronts relativement distants : le message, pour être implicite, n'en était pas moins clair. D'autre part, du fait de l'absence de contentieux entre les

28. Sur ces accords, H. Cordier, *Histoire des relations de la Chine avec les puissances occidentales*, rééd., Taipei, Ch'eng-wen publishing company, 1966, t. I, p. 18 sq.

29. Voir, en particulier, M. Battesti, *La Marine de Napoléon III, une politique navale*, Paris, Éditions du service historique de la Marine, 1997. Sur le renforcement de la flotte française en Extrême-Orient en liaison avec la question chinoise, du même auteur, « L'aspect naval des opérations de maintien de la paix durant le Second Empire », in *Maintien de la paix de 1815 à aujourd'hui*, actes du XXIe colloque de la commission internationale d'histoire militaire, 1995, commission canadienne d'histoire militaire, p. 52-65, notamment les p. 57 sq. ; également, J.-Ph. Zanco, *le ministère de la Marine sous le Second Empire*, Vincennes, service historique de la Marine, 2003.

deux pays, la France venait au Japon avec des intentions purement pacifiques et n'avait pas l'intention d'employer la force ou de contraindre le Japon à conclure des engagements contraires à ses propres intérêts[30]. En d'autres termes, la « pureté » des intentions politiques de Paris devait mieux faire ressortir les arrière-pensées mercantilistes de Londres et de Washington et la soif de conquête territoriale de Saint-Pétersbourg. Il s'agissait là de la résurgence d'un discours « différentialiste » qui avait été tenu dans certains milieux gouvernementaux de la Monarchie de Juillet durant la première guerre de l'opium, où l'on avait caressé un moment l'idée d'une alliance de revers avec la Chine contre la Grande-Bretagne, mais qui n'avait pas eu la faveur du ministère des Affaires étrangères. Il faut convenir toutefois que cette tactique de négociation n'était pas propre à la France. Si, en apparence, les Occidentaux faisaient front commun, chaque Puissance s'employait, au cours des discussions bilatérales, à convaincre ses interlocuteurs japonais des avantages qu'il y avait à traiter avec elle de façon privilégiée.

L'exigence du rang vaut également à l'égard de la partie japonaise. De façon générale, la délégation tout imbue de condescendance et de préjugés eurocentriques qu'elle soit, est agréablement satisfaite de l'accueil qui lui est faite, tant à Shimoda qu'à Edo, même s'il fut plus chaleureux là-bas que dans la capitale. Elle est impressionnée par le port, le maintien, la dignité, la propreté, la soif de connaissances des Japonais et l'ordre qui règne à Edo. Autant de traits qui, d'après elle, font contraste avec la Chine. Mais cette impression favorable ne doit pas conduire la délégation à baisser la garde : la mission s'aventure en terre inconnue ; l'« espionite » règne en maître ; le baron Gros refuse de recevoir et de traiter avec des officiers subalternes et s'insurge contre les restrictions que la partie japonaise tente d'imposer aux déplacements des membres de la mission dans les rues d'Edo pour raison de sécurité et du fait du décès du shôgun, au moins jusqu'à la conclusion des traités. Elle n'obtient pas non plus, à son arrivée, d'être reçue au château d'Edo pour une audience shôgunale[31], ni, plus tard, une baisse substantielle

---

30. *Correspondance politique Japon*, vol. 1, instructions précitées au baron Gros du 16 mai 1857. Néanmoins le plénipotentiaire français avait indiqué aux Japonais, lors de la première séance de négociation du 27 septembre que si le gouvernement japonais se refusait à comprendre les intentions pacifiques de la France, il quitterait aussitôt le pays pour « rendre compte à sa Cour de l'accueil qui lui aurait été fait », H. Cordier, *art. cit.* (n. 20), p. 252.

31. Ishin-shi gakkai-hen, *Bakumatsu ishin gaikô shiryô shûsei*, corpus de documents diplomatiques des époques de la fin du *Bakufu* et de Meiji, 6 vol., Tôkyô, Daiichi shobô, 1978, vol. 4, p. 417. Réponse du 23 septembre 1858 à l'offre de négociation du gouvernement français du 20 septembre transmise par le baron Gros, et dans laquelle il indiquait explicitement qu'il n'avait rien d'autre à demander que ce qui avait été stipulé dans les précédents traités conclus avec les autres puissances.

des droits de douane sur les vins taxés à 35 %. Durant les pourparlers, l'abbé Mermet de Cachon attire l'attention de la délégation sur le fait que lorsque leurs homologues japonais parlent de Napoléon III, ils lui accolent le terme de *Ho-no*, inférieur à celui de *Taikun*. La délégation y voit une preuve supplémentaire du caractère cauteleux des Japonais, alors que Napoléon III est à la tête d'un pays plus grand, plus riche et plus fort que le Japon[32]. On y retrouvera quelque trace dans la rédaction du traité lorsque la délégation française exigera que, dans la désignation des chefs d'État, la mention « Sa Majesté l'Empereur des Français » figurât en premier dans le texte français.

Une négociation délicate

A l'arrivée de la délégation française au Japon une double négociation se déroula : sur ses conditions d'une part et sur ses termes d'autre part.

Les conditions de la négociation ne concernèrent pas tant la vérification des pouvoirs des deux délégations respectives – problème qui avait été très épineux en Chine – que le lieu même de cette dernière et de la résidence de l'ambassade française. Déjà, dans un rapport au ministère de la Marine en date du 7 août 1855, rendant compte de sa réception par le gouverneur de Hakodate en dépit de l'absence de traité bilatéral, le contre-amiral Guérin avait indiqué à ses interlocuteurs japonais que les négociations en vue d'un tel accord ne pourraient avoir lieu à Nagasaki, comme suggéré, mais à Edo, comme pour les Américains. Plus tard, lors de l'étape de Shimoda, puis à Edo, les représentants français repoussèrent, à l'instar de leurs alliés qui les avaient précédés, toute solution alternative avancée par la partie japonaise à un séjour dans la capitale, soit qu'il n'était pas nécessaire d'aller jusqu'à Edo puisque le gouverneur de Shimoda était habilité à discuter avec les Français, soit que l'accès à la capitale leur était interdit en raison de la mort du shôgun et du choléra et que les discussions pouvaient avoir lieu sur les navires, dans la baie de Kanagawa, sans avoir à débarquer[33]. Dans l'esprit de l'ambassade française, il ne s'agissait là que de propositions dilatoires, doublement inacceptables car, comme il a été mentionné plus haut, il n'était pas

---

32. Baron Charles de Chassiron, *Notes sur le Japon, la Chine et l'Inde*, Paris, Dentu et Reinwald éd., 1861, p. 69. Il s'agit sans doute d'une déformation du terme honorifique *Tono*, par lequel un vassal s'adressait à son seigneur, mais qui n'était pas utilisé à l'égard du shôgun.

33. *Dai nippon komonjo bakumatsu gaikokukankei monjo*, *op. cit.* (n. 5), vol. 21, doc. n°s 21 et 30. Les Français ne furent pas informés immédiatement de la mort du shôgun mais seulement de sa « maladie ». Également, baron de Chassiron, *op. cit.* (n. 32), p. 65-67.

pensable d'imposer à la délégation française des conditions de lieu et de stationnement dont les autres nations avaient su s'affranchir, et de telles manœuvres auraient eu pour effet sinon pour but d'amoindrir aux yeux de la partie japonaise l'importance du traité. Et c'est donc précédée du drapeau tricolore que la délégation française prit très officiellement possession de son lieu de résidence, une « bonzerie » mise à sa disposition[34], le baron Gros porté dans une chaise d'apparat, déjà utilisée à T'ientsin, par des coolies japonais travestis en Chinois, ce qui suscita quelques incidents de parcours. Au cours de ces préliminaires, le baron Gros s'efforça de convaincre ses interlocuteurs de l'intérêt pour le Japon de signer avec la France pour contrecarrer la poussée russe en Extrême-Orient[35].

Les négociations sur les termes du traité proprement dites s'ouvrirent le 27 septembre pour se clôturer le 2 octobre, après cinq conférences. Le reste du temps fut consacré à la mise en forme de la version française et à la traduction du texte, en hollandais et en japonais. La signature intervint le 9 au lieu de la modeste résidence mise provisoirement à la disposition du baron Gros et de sa suite. La relative brièveté de la négociation, surtout si on la compare à la longueur du temps consacré à la rédaction du traité, s'explique pour deux raisons majeures : la première tient à la *matière et au cadre même des accords*. La négociation s'est déroulée à partir d'une initiative française sur la base d'instructions ministérielles remontant pour les plus anciennes à 1854, et s'appuyant sur de nombreux précédents : les traités qui avaient été conclus par les Japonais entre 1854 et 1858 avec les autres puissances occidentales, et, pour la partie française, le traité précité franco-chinois, ainsi que le traité de T'ientsin qui fournissaient un cadre juridique de référence plus général susceptible d'être adapté à la situation japonaise[36]. Les négociateurs japonais n'ont pas été surpris par la teneur des propositions françaises qui ne s'écartaient pas fondamentalement des accords signés avec les États-Unis (29 juillet 1858), la Hollande (18 août 1858), la Russie (19 août 1858) et la Grande-Bretagne (26 août), avec lesquels la France revendiquait, haut et fort, la parité et auxquels les représentants japonais

---

34. Il s'agit en fait du *Shinbukuji* que la délégation russe avait occupée. Sur ces négociations préliminaires, marquis de Moges, *op. cit.* (n. 20), p. 311 sq.

35. Baron de Chassiron, *op. cit.* (n. 32), p. 77.

36. Les Japonais montrèrent-ils aux Français les traités conclus avec les autres Puissances ? Les sources ne permettent pas de l'envisager avec certitude mais Laurence Oliphant, le secrétaire privé du négociateur britannique, Lord Elgin, relate que lors des négociations avec la Grande-Bretagne, le traité conclu avec les Américains fut montré aux Britanniques : *Narrative of the Earl of Elgin's Mission to China and Japan in the Years 1857,'58, '59*, New York, Harper and Brothers Publishers, 1860, p. 365.

avaient été déjà associés. Mais, dans cette situation *a priori* peu confortable, le gouvernement japonais pouvait y trouver quelque avantage : le négociateur américain Townsend Harris, après la chute de Canton et de T'ientsin, avait rencontré le 17 juin les émissaires du chef du conseil des *Rôjû*, Hotta Masahiro (1810-1864), pour lui représenter que faute d'un accord rapide avec les États-Unis, la France et la Grande-Bretagne fortes de leurs succès en Chine, pourraient attaquer le Japon et lui imposer des conditions désavantageuses, alors qu'un prompt accord avec Washington ferait office de précédent et cadrerait la négociation à venir avec ces Puissances. Les discussions avec la France et la Grande-Bretagne s'en trouveraient ainsi facilitées[37]. Du même coup, d'après Harris, le contenu des accords ayant été débroussaillé en amont, Londres et Paris n'auraient plus eu aucune raison de garantir la négociation par le déploiement d'une force navale imposante[38]. Pour ne pas avoir à subir le sort de la Chine, le *Bakufu* se plia à ces arguments. En réalité, afin d'éviter une guerre à l'issue incertaine avec les Occidentaux, le gouvernement japonais fut contraint d'accepter une série d'accords avec les Puissances d'une même nature que le traité de T'ientsin, qui aggravait, comme on le sait, les dispositions du traité de Nankin qui avait mis un terme à la première guerre de l'opium[39]. *La seconde raison était à la fois géographique et politique.* La mission française ne souhaitait pas trop s'attarder au Japon en raison de la saison des typhons qui rendait la navigation

37. *Dai nippon komonjo bakumatsu gaikokukankei monjo*, *op. cit.*, (n. 5), vol. 20, doc. n° 191. A cette occasion, il aurait fait valoir aux Japonais que la France et la Grande-Bretagne avaient des visées respectivement sur la Corée et Taiwan : Kunaichô, agence de la Maison impériale, *Meiji tennô ki*, annales de l'empereur Meiji, 13 vol., Tôkyô, Yoshikawa Kôbunkan, 1968-1977, vol. 1, p. 137-138. Également, mais dans une relation quelque peu édulcorée, W. E. Griffis, *Townsend Harris First American Envoy in Japan*, Boston-New York, Houghton, Mifflin and Co, 1885, p. 314.

38. W. G. Beasley, *op. cit.* (n. 23), p.184.

39. Ono Masao, « Kaikoku », l'ouverture du pays, in *Kôza Nihon rekishi*, cours d'histoire du Japon, *Kinsei*, époque moderne, vol. 5, Tôkyô, Iwanami shoten, 1977, p. 30-31 ; *Dai nippon komonjo bakumatsu gaikokukankei monjo*, *op. cit.* (n. 5), vol. 20, doc. n°s 178 et 191. Il serait toutefois inexact de soutenir que le traité d'Edo, comme les autres traités conclus en 1858 entre le Japon et les puissances occidentales, ne serait que le décalque des traités de T'ientsin : ainsi les Occidentaux ne jouissaient au Japon que d'un droit de déplacement limité au-delà du droit de résidence dans les ports ouverts et sans possibilité d'utiliser ces facilités de déplacement pour y exercer des activités commerciales ; les dispositions des traités de T'ientsin sur le maintien de l'ordre ne figuraient pas dans les traités de 1858 avec le Japon ; enfin, les atteintes à la souveraineté douanière étaient encore plus manifestes s'agissant de la Chine, puisque les Occidentaux avaient reçu en partage le monopole de l'administration des douanes, monopole qui n'existait pas au Japon. En bref, les dispositions des traités de l'ère Ansei, étaient, globalement, plus favorables au Japon que ne l'étaient celles des traités de T'ientsin à l'égard de la Chine. Une différence de traitement que l'on peut expliquer par l'absence, à cette époque, de situation ouverte de conflit entre le Japon et les puissances occidentales.

sinon impraticable du moins dangereuse. Elle devait également rentrer à Shanghai où devaient s'ouvrir avec la partie chinoise des discussions sur les tarifs douaniers. On ne peut pas exclure qu'en imposant des délais aussi brefs pour la négociation, même si l'essentiel avait été déjà balisé par les négociations antérieures avec les autres puissances, la délégation française ait fait pression sur la partie japonaise et l'ait ainsi contrainte à accepter le canevas proposé par la baron Gros et à se battre sur des points de détails qui ne remettaient pas en cause l'architecture d'ensemble du projet d'accord.

Officiellement, il s'agit d'un traité de paix, d'amitié et de commerce de 22 articles assortis de 7 règlements commerciaux annexes conclu entre Sa Majesté l'Empereur des Français et Sa Majesté l'Empereur du Japon. Cette dernière titulature concerne en réalité le shôgun et non l'empereur résidant à Kyôto. Le texte français peut induire en erreur, mais la version japonaise prend soin de distinguer les termes de *Furansu kôtei*, qui s'applique à l'Empereur des Français, de celui de *Nihon Taikun* qui concerne le shôgun. Il n'y a donc aucune ambiguïté possible sur la désignation de l'organe central qui engage le Japon. Si les Occidentaux sont au fait de l'existence récurrente depuis le XVIe de deux « empereurs », l'un temporel, l'autre spirituel, il est tout à fait clair pour les Français que l'empereur à Kyôto « est complètement étranger aux affaires de l'État »[40] et ne peut donc être l'interlocuteur de la délégation. La mission était-elle au fait des difficultés rencontrées par le *Bakufu* avec la Cour de Kyôto ? Fut-elle renseignée à Shimoda par Townsend Harris et son interprète néerlandais Henry Heusken (1832-1861) ? Rien ne permet de l'affirmer ou de l'infirmer avec certitude. Le baron de Chassiron fait bien état d'une « rumeur » – fausse – selon laquelle le shôgun Iesada se serait suicidé après avoir été accusé de faiblesse à l'égard des étrangers « contrairement aux véritables instructions des *conseillers de la Couronne* »[41], expression pour le moins ambiguë. Toujours est-il que les Américains étaient, eux, parfaitement au fait de la question. Ils en avaient fait même un argument de poids dans la négociation, arguant que si le *Bakufu* s'avérait incapable de signer le traité et d'obtenir l'accord de la Cour impériale, ils entreraient directement en discussion avec Kyôto. On ne retrouve cependant rien de semblable dans l'attitude du plénipotentiaire français.

Sur le fond, le traité comportait l'échange d'agents diplomatiques avec droit de circulation, l'ouverture des ports de Hakodate, Kanagawa et Nagasaki à partir du 15 août 1859, puis de Niigata et de Hyôgo, à

---

40. Baron de Chassiron, *op. cit.* (n. 32), p. 70.
41. *Ibid.*, p. 112.

partir respectivement des 1er janvier 1860 et 1863 (art. 2), la constitution de zones de résidence dans les ports ouverts avec des droits de circulation limités à une distance de 10 *ri*[42] (art. 3). Un sort particulier était fait pour les villes d'Edo et d'Osaka ouvertes seulement au commerce à partir respectivement des 1er janvier 1862 et 1863. La liberté de culte dans les zones ainsi définies (art. 4), le droit de juridiction consulaire et le principe d'extraterritorialité (art. 5 et 6), la libre convertibilité des monnaies et la liberté du commerce (art. 8, 12 et 14), le droit pour les résidents français d'avoir des employés japonais (art. 8), l'obligation d'assistance aux naufragés et de ravitaillement des bâtiments de guerre français (art. 16 et 17), la clause unilatérale de la nation la plus favorisée (art. 19) et, au chapitre des règlements commerciaux, les tarifs conventionnels allant de 5 % à 35 % (art. 7). Enfin le traité n'était révisable qu'à partir du 15 août 1872 moyennant un préavis d'un an (art. 20)[43].

Tel quel, le traité d'Edo ne se distinguait qu'à la marge des autres accords qui l'avaient précédé. Si naturellement le *Bakufu* était conscient que la politique de fermeture était écornée, l'essentiel était préservé. Contrairement à une interprétation un peu hâtive des traités, l'ouverture du Japon restait géographiquement limitée et étroitement encadrée. Les Japonais n'avaient toujours pas le droit de s'établir et de circuler librement à l'étranger et les édits de fermeture restaient en vigueur ; l'échange d'agents diplomatiques était plus théorique que réel : le texte du traité d'Edo n'évoque que la « possibilité » pour les deux parties d'installer des agents diplomatiques dans leurs capitales respectives ainsi que des consuls et agents consulaires ailleurs, et notamment dans les ports ouverts pour le Japon. Il ne s'agit donc pas d'une obligation. L'exercice de cette faculté n'est soumis à aucune condition de préavis ou de déclaration préalable. La France et le Japon étaient donc libres de concrétiser la mise en œuvre de cette disposition. Le Japon des Tokugawa se contentera, dans un premier stade, d'ambassades itinérantes[44], ce qui laissera entière, jusqu'à la chute du régime, la question de la représentation du Japon à l'extérieur, et il faudra attendre la Restauration pour que s'installe à Paris la première représentation diplomatique du Japon en France en la

42. Le *ri* est à peu près l'équivalent d'une lieue, soit 4 km.

43. Le texte intégral du traité se trouve dans l'article suivant : « Traité entre la France et le Japon conclu à Yédo, le 9 octobre 1858 (Actes officiels et documents divers) », in *Revue orientale et américaine* IV, 1860, p. 145-161. Également en appendice de l'article précité de H. Cordier, in *T'oung pao*, p. 278-290. Pour une version incluant les originaux en langue japonaise et hollandaise, se rapporter à la base Choiseul du ministère des Affaires étrangères sur le site : https://pastel.diplomatie.gouv.fr/choiseul/ressource/pdf/D18580012.pdf.

44. La première de ces ambassades s'embarqua à destination des États-Unis le 9 février 1860 sur un bâtiment de guerre américain, le *Powhatan*, pour procéder à l'échange des instruments de ratification du traité signé avec les États-Unis.

personne de Samejima Hisanobu (1846-1880), un ancien samurai du fief de Satsuma que son fief avait déjà envoyé en Grande-Bretagne en 1865[45].

Les négociateurs shôgunaux n'opposèrent pas d'objection de principe au contenu du traité, qui ne s'écartait guère de ce qui avait été signé par les Puissances, sauf sur la question des droits de douane frappant les vins, que les Français auraient souhaités plus bas. En revanche, les questions de terminologie et de traduction, ou d'interprétation monopolisèrent une bonne partie des discussions. Ainsi s'agissant du droit de résidence à Edo et Ôsaka, la délégation japonaise avait beaucoup insisté pour qu'il soit lié à des activités de négoce et de commerce, qu'il ne soit pas permanent au motif que le statut de ces deux villes devait être clairement distingué des autres ports ouverts pour lesquels cette restriction ne figurait pas. La délégation française y avait consenti, dans la mesure où la pérennisation des activités commerciales offrait une garantie suffisante à la stabilité de ce droit. D'autres questions, secondaires par rapport au traité, firent l'objet de discussions ou de mises au point qui témoignaient, selon la délégation française, de la préoccupation du *Bakufu* de maintenir le contrôle de la population et d'en limiter la liberté de déplacement : ainsi le droit des étrangers à employer des Japonais ne devait pas conduire les employeurs à emmener avec eux leurs serviteurs japonais. De même, le champ géographique d'intervention des pilotes appelés à guider les navires français dans les rades devait être limité, pour éviter qu'ils ne se soustraient à l'autorité japonaise. Lors des échanges des différentes versions du traité la délégation japonaise se montra également réticente à donner à ses homologues des originaux en langue japonaise, arguant que les Français pourrait les rendre publics, en contradiction avec la tradition endogène du secret des affaires gouvernementales garante de la paix civile et politique[46].

45. Selon le marquis de Moges, Inoue Tadanori aurait été présélectionné pour être le représentant du Japon à la Cour des Tuileries, mais les sources japonaises n'en font pas mention. Inoue ne séjournera d'ailleurs jamais en France, marquis de Moges, *op. cit.* (n. 20), p. 324-325.

46. Le procès-verbal de ces réunions a été établi par le marquis de Moges. Les traités de l'ère Ansei n'ont jamais fait l'objet à l'époque d'une « publication » en bonne et due forme. Seule la réalité de la signature à fait l'objet d'une officialisation. Le contenu des accords a toujours été présenté à des interlocuteurs choisis du *Bakufu* et de la Cour, mais sans faire l'objet d'une véritable diffusion. Rappelons qu'ont été dressés quatre exemplaires en français, quatre en japonais (dont deux en *katakana*) et quatre en hollandais, la version hollandaise faisant foi en cas de contestation. Les originaux en hollandais furent supervisés par Moriyama Takichirô (1820-1871) interprète officiel du *Bakufu*. L'entrée en vigueur fut fixée au 15 août 1859, jour de la Fête de l'Empereur en France, avant même l'échange des instruments de ratification.

Les traités ne consacrent pas non plus la liberté de religion au Japon : celle-ci, ou plus exactement la liberté de culte – ce qui implique la construction d'églises et de cimetières – n'est garantie qu'aux résidents français dans les ports ouverts et si le traité rappelle l'abrogation des « pratiques injurieuses » au christianisme, les négociateurs japonais prennent soin de faire remarquer qu'il ne s'agit là que de survivances d'un passé révolu, et qu'en conséquence, la mention dans le traité n'instaure aucune obligation particulière à la charge du Japon[47]. Non seulement le traité d'Edo ne renfermait aucune disposition relative à la liberté de religion dont les sujets japonais auraient pu se prévaloir pour leur propre compte, mais il était également muet sur la diffusion même du christianisme, les activités et le statut des missionnaires, ce qui laissait place, il est vrai, à des marges d'interprétation dans la mesure où l'une comme l'autre n'étaient pas non plus explicitement prohibées. Cela ne signifiait pas que la question religieuse ait été totalement évacuée de l'esprit des négociateurs français. Bien au contraire, les relations du marquis de Moges et du baron de Chassiron de l'ambassade française ne laissent aucun doute sur l'état d'esprit qui prévalait à l'époque. Le baron Gros lui-même, se méprenant sur le contenu du traité nippo-américain qui venait d'être signé, n'avait pas écarté l'idée d'obtenir de plus larges concessions des Japonais sur le plan religieux[48]. Toutefois, les instructions de Paris avaient été, comme on l'a vu, suffisamment claires, pour que la mission n'en fît pas un argument de négociation politique avec les Japonais. Quant au principe de la juridiction consulaire, il ne heurtait pas la vision du monde des interlocuteurs shôgunaux : que les Français soient jugés par des juridictions françaises constituait un principe tout à fait acceptable dès lors que la réciproque était vraie et que les Japonais continuaient de relever de leur propre juridiction nationale, ce que prévoyaient les traités. En bref, pour les autorités japonaises, les traités constituaient un inévitable compromis qui préservait, sur le plan interne, une posture fondamentale d'isolationnisme, tout en l'adaptant au nouveau cours

---

Sur les disparités entre le texte français et le texte japonais, Nishibori Akira, « Furansu shisetsu jan bachisuto rui guro (1793-1870) ni tsuite », à propos de Jean-Baptiste Louis Gros (1793-1870), agent diplomatique français, *Yokohama keiei kenkyû*, décembre 1993, vol. 14, n° 3, p. 275-284. Selon cet auteur, les imperfections dans la traduction auraient été rectifiées en 1862 par des fonctionnaires du *Yôsho shirabesho*, le bureau de contrôle des livres occidentaux, qui avait succédé la même année au *Bansho shirabesho* précité.

47. Est particulièrement visée la pratique du *Fumie* par laquelle les autorités obligeaient les personnes suspectées de christianisme de fouler au pied une image du Christ ou de la Vierge Marie. Elle avait été abolie dans les ports ouverts en avril 1856, mais le christianisme n'avait pas été autorisé pour autant.

48. Archives du ministère des Affaires étrangères, *Correspondance politique Chine*, vol. XXV, lettre à Walewski du 26 août 1858.

des relations internationales en ce milieu du XIXe siècle. Ils pouvaient même, à la limite, être compatibles avec une « expulsion des Barbares » seulement différée. Pour les Occidentaux en revanche, ils y instituaient une brèche qu'ils n'auront de cesse d'élargir.

Conclusion

Le 11 octobre, la délégation quittait sa résidence d'Edo pour réembarquer. Et le lendemain elle entamait son voyage de retour à Shanghai via Nagasaki. La conclusion du traité d'Edo fut certes un succès diplomatique pour la France, mais qu'il convient de relativiser : elle est rendue possible par une pause dans la seconde guerre de l'opium et la conclusion d'un accord avec Edo fut, comme on l'a vu, étroitement tributaire de la conjoncture internationale et plus particulièrement régionale : c'est la situation à Pékin qui commande l'attitude de la France envers Edo. En outre, en dépit d'un discours différentialiste sur les buts de la diplomatie française au Japon, celle-ci a été le plus souvent à la remorque des initiatives étrangères. Au-delà d'une rhétorique convenue, la France n'a eu pour objectif, sinon pour obsession, que d'obtenir du Japon les mêmes concessions faites aux autres Puissances. Un profil bas qui s'explique sans doute par le fait qu'elle n'était pas en mesure, seule, de faire davantage. Toujours est-il qu'à l'époque, le traité d'Edo, comme les conventions du même type conclues à Pékin, participe de la « conquête de la Chine et du Japon à la civilisation »[49] . L'historiographie japonaise retiendra que le traité d'Edo fait partie intégrante des « traités inégaux », dont la diplomatie de Meiji ne cessera de demander la révision. Signés peu ou prou sous la menace de l'usage de la force, en tout cas tributaires d'un contexte et d'un rapport de forces défavorable au Japon, tirant partie de l'inexpérience relative de la diplomatie nippone, les traités de 1858 ne révélèrent qu'à la longue leurs effets néfastes : la juridiction consulaire constituait un abandon de souveraineté juridique ; la libre convertibilité des monnaies alimentera la spéculation, obérera les finances du *Bakufu* et asséchera ses réserves en or et en argent ; par les tarifs conventionnels, le Japon abdiquait, partiellement, sa souveraineté en matière douanière ; par la clause unilatérale de la nation la plus favorisée, le Japon voyait sa souveraineté économique écornée. Politiquement contestables et économiquement ruineux pour le pays, les accords de 1858 vont

49. *Le Moniteur*, 1er janvier 1859. Dans le même sens, M. P Pradier-Fodéré estime que les relations commerciales ainsi instaurées n'ont d'autre but que la « propagation de la civilisation dans les parties du monde les plus reculées » (*Le droit des gens ou principes de la loi naturelle appliqués à la conduite des affaires des nations et des souverains par Vattel*, Paris, Librairie de Guillaumin et Cie, 1863, p. 275-276).

durablement affaiblir l'autorité du *Bakufu*. Toutefois, le traité d'Edo ne marque pas simplement l'acte de naissance des relations officielles entre les deux pays. Comme tous les traités de l'ère *Ansei*, il signe, en dépit de ses imperfections, l'émergence du Japon sur la scène internationale. C'est à ce double titre que le texte du traité d'Edo a été classé en 1997, avec les autres accords conclus en 1858, parmi les « biens culturels importants », *jûyô bunkazai*. Mais cette émergence sera un processus long et douloureux. Dans l'immédiat, elle ouvre pour le régime une période de crise qui lui sera fatale, et dont la France sera l'un des acteurs privilégiés, et pour les relations franco-japonaises un « âge d'or » qui s'étendra sur près de quatre décennies.

Éric SEIZELET

LES PARTICIPANTS

Gabriel de BROGLIE	De l'Académie française, chancelier de l'Institut de France, membre de l'Académie des Sciences morales et politiques, conseiller d'État honoraire
Marc FUMAROLI	De l'Académie française, membre de l'Académie des Inscriptions et Belles-Lettres, professeur au Collège de France
S. Exc. Yutaka IIMURA	Ambassadeur du Japon en France
Jean-François JARRIGE	Membre de l'Académie des Inscriptions et Belles-Lettres (Président pour 2008), conservateur général honoraire du Patrimoine, membre du Collège des Conservateurs du domaine de Chantilly
Jean LECLANT	Secrétaire perpétuel de l'Académie des Inscriptions et Belles-Lettres, professeur honoraire au Collège de France
François LACHAUD	Directeur des études à l'École française d'Extrême-Orient (EFEO), directeur d'études associé à l'École pratique des Hautes Études (sciences religieuses)
François MACÉ	Professeur à l'INALCO
Sekiko MATSUZAKI-PETITMENGIN	Directrice de l'Institut des Hautes Études japonaises du Collège de France
Jean-Noël ROBERT	Membre de l'Académie des Inscriptions et Belles-Lettres, directeur d'études à l'École pratique des Hautes Études (sciences religieuses)
Cécile SAKAI	Professeur à l'Université Paris VII-Denis Diderot
Éric SEIZELET	Professeur à l'Université de Paris VII-Denis Diderot

TABLE DES MATIÈRES

ACHEVÉ D'IMPRIMER
EN JUILLET 2009
PAR L'IMPRIMERIE
DE LA MANUTENTION
A MAYENNE
FRANCE
N° 168-09

Dépôt légal : 3e trimestre 2009